当代学术棱镜译丛 《德意志意识形态》与文献学系列

丛书主编 张一兵 副主编 周 宪 周晓虹

巴加图利亚版
《德意志意识形态·费尔巴哈》

[俄] 巴加图利亚 主编　　张俊翔 编译　　张一兵 审订

Фейербах. Противоположность

南京大学出版社

图书在版编目(CIP)数据

巴加图利亚版《德意志意识形态·费尔巴哈》/
[德]卡·马克思,[德]费·恩格斯著;[俄]巴加图利亚主编;
张俊翔编译. 一 南京:南京大学出版社,2011.5
(当代学术棱镜译丛 / 张一兵主编)
ISBN 978 - 7 - 305 - 07618 - 3

Ⅰ. ①巴… Ⅱ. ①马… ②恩… ③巴… ④张… Ⅲ.
①马恩著作—马克思主义哲学 Ⅳ. ①A121

中国版本图书馆 CIP 数据核字(2010)第 186463 号

当代学术棱镜译丛

出版发行	南京大学出版社	
社　　址	南京市汉口路 22 号	邮　编　210093
网　　址	http://www.NjupCo.com	
出 版 人	左　健	
丛 书 名	当代学术棱镜译丛	
书　　名	巴加图利亚版《德意志意识形态·费尔巴哈》	
著　　者	[德]卡·马克思　[德]弗·恩格斯	
主　　编	[俄]巴加图利亚	
编　　译	张俊翔	
审　　订	张一兵	
责任编辑	孟庆生	编辑热线:025 - 83686722
照　　排	南京南琳图文制作有限公司	
印　　刷	江苏凤凰扬州鑫华印刷有限公司	
开　　本	635×965　1/16　印张 9.75　字数 128 千	
版　　次	2011 年 5 月第 1 版　2011 年 5 月第 1 次印刷	
ISBN	978 - 7 - 305 - 07618 - 3	
定　　价	22.00 元	
发行热线	025-83594756	
电子邮箱	Press@NjupCo.com	
	Sales@NjupCo.com(市场部)	

卡·马克思　弗·恩格斯

费尔巴哈·唯物主义观点和唯心主义观点的对立

（《德意志意识形态》第一卷第一章新版）

《当代学术棱镜译丛》

总　序

　　自晚清曾文正创制造局，开译介西学著作风气以来，西学翻译蔚为大观。百多年前，梁启超奋力呼吁："国家欲自强，以多译西书为本；学子欲自立，以多读西书为功。"时至今日，此种激进吁求已不再迫切，但他所言西学著述"今之所译，直九牛之一毛耳"，却仍是事实。世纪之交，面对现代化的宏业，有选择地译介国外学术著作，更是学界和出版界不可推诿的任务。基于这一认识，我们隆重推出《当代学术棱镜译丛》，在林林总总的国外学术书中遴选有价值篇什翻译出版。

　　王国维直言："中西二学，盛则俱盛，衰则俱衰，风气既开，互相推助。"所言极是！今日之中国已迥异于一个世纪以前，文化间交往日趋频繁，"风气既开"无须赘言，中外学术"互相推助"更是不争的事实。当今世界，知识更新愈加迅猛，文化交往愈加深广。全球化和本土化两极互动，构成了这个时代的文化动脉。一方面，经济的全球化加速了文化上的交往互动；另一方面，文化的民族自觉日益高涨。于是，学术的本土化迫在眉睫。虽说"学问之事，本无中西"（王国维语），但"我们"与"他者"

的身份及其知识政治却不容回避。但学术的本土化决非闭关自守，不但知己，亦要知彼。这套丛书的立意正在这里。

"棱镜"本是物理学上的术语，意指复合光透过"棱镜"便分解成光谱。丛书所以取名《当代学术棱镜译丛》，意在透过所选篇什，折射出国外知识界的历史面貌和当代进展，并反映出选编者的理解和匠心，进而实现"他山之石，可以攻玉"的目标。

本丛书所选书目大抵有两个中心：其一，选目集中在国外学术界新近的发展，尽力揭橥域外学术 90 年代以来的最新趋向和热点问题；其二，不忘拾遗补缺，将一些重要的尚未译成中文的国外学术著述囊括其内。

众人拾柴火焰高。译介学术是一件崇高而又艰苦的事业，我们真诚地希望更多有识之士参与这项事业，使之为中国的现代化和学术本土化作出贡献。

丛书编委会

2000 年秋于南京大学

目 录

序　言

　　本版《德意志意识形态》第一卷第一章是传给我们的马克思和恩格斯手稿最完整的版本。与之前的所有版本不同，这一版还对文本进行了重新编排和分节，并最大限度地保持了与手稿结构和内容的一致性。

　　马克思和恩格斯在《德意志意识形态》中首次把唯物主义历史观即历史唯物主义作为科学共产主义理论直接的哲学基础加以了全面的研究。

　　《德意志意识形态》第一卷第一章在这部两卷本的著作中占有特殊的地位。区别于明显具有论辩性的其他各章，该章被当做总的导论，用以阐述唯物主义历史观。这里实际上集中了整部著作主要的理论内容。因此，《德意志意识形态》第一卷第一章是其最重要的组成部分，具有独立的价值。

　　恩格斯多次指出，社会主义由空想到科学的转变有赖于马克思的两个伟大发现——他创立了唯物主义历史观和剩余价值学说。马克思的第一个伟大发现是在 19 世纪 40 年代中期做出的，并于 1845—1846 年在《德意志意识形态》中首次得到全面阐析。马克思和恩格斯由此实现了对科学共产主义的首次哲学论证。

＊　＊　＊

　　在《德意志意识形态》中，马克思和恩格斯对唯物主义历史观的阐述始于他们首次在此表述了作为出发点的前提。这些前提是：人们、他们的活动以及他们的活动的物质条件。人们的活动有两个方面：生产（人们与自然的关系）和交往（人们彼此的关系）。生产和交往互为条件，但生产是起决定性作用的。

马克思和恩格斯全面发展了历史唯物主义关于物质生产在社会生活中的决定性作用这一极其重要的原理。正是生产使人有别于动物。人类历史的第一个前提在于，为了能够"创造历史"，人们必须生活，因此必须吃喝住穿等。生产方式确定该社会的全部生活。社会活动的基本方面就是各种类型的生产：生活资源的生产、需要的生产、人们自身的生产、社会关系的生产、意识的生产。

在《德意志意识形态》中，马克思和恩格斯不仅全面发展了关于生产在社会生活中的决定作用的原理，而且还向前迈出了新的一大步。在该著作中他们首次从本质上阐明了生产力发展和生产关系的辩证规律。这一极其重要的发现在这里被表述为生产力和交往形式的辩证规律。

生产力决定交往形式（社会关系）。生产力的发展导致先前的交往形式不再符合更发达的生产力并成为其桎梏。生产力和交往形式之间这一决定所有历史冲突的矛盾通过社会革命的途径加以解决。取代已成桎梏的旧交往形式的是符合更发达的生产力的新交往形式等。在历史发展的整个过程当中，就这样形成了其连续阶段之间的继承关系。

这个发现为理解整个历史进程提供了线索，使作为完整见解的唯物主义历史观得以发展。它为历史的科学分期和社会形态学说奠定了基础，使无产阶级和共产主义革命的必然性得到了科学的证明。

在《德意志意识形态》中，马克思和恩格斯阐明了生产的历史发展的基本阶段。其基础是生产力的发展。生产力发展水平的外在表现是劳动分工。劳动分工的各个阶段决定相应的所有制形式（生产关系的法律表现）。这样一来，在《德意志意识形态》中，在马克思和恩格斯的这些初始论点后面事实上已经隐藏着生产力决定生产关系的思想。

从初级的历史关系转向社会发展的下一个阶段是以生产力和劳动分工的发展为条件的——由原始的自然的劳动分工转向表现为把社会分为阶级的那种分工形式。这是从阶级分化以前的社会向阶级社会的转变。

与社会的劳动分工同时发展的是诸如私有制、国家、社会活动的异化等派生的历史现象。如果第一种部落（氏族）所有制形式符合原始社会中自然产生的劳动分工，那么社会劳动分工的发展就决定所有制形式的进一步发展和更替。第二种所有制形式是古代的所有制，第三种形式是封建的所有制，第四种形式是资产阶级所有制。这里我们有了社会形态学说的开端。马克思和恩格斯详细地分析了最后一种资产阶级私有制的前身和主要发展阶段：从行会制度到工场，再到大工业。

生产力在资产阶级社会内部的发展为无产阶级和共产主义革命创造了两个基本的物质前提：第一，生产发展的高水平，它与私有制的桎梏不相容，同时，它是按共产主义的方式组织社会所必需的。第二，能形成革命阶级的广泛的无产阶级化。共产主义革命废除社会的阶级划分，同时废除私有制、政治压迫和把人们的自身活动变为异己力量的做法。个体真正的主动性取代受外部强迫的劳动和雇佣劳动。

马克思和恩格斯从分析生产转向分析交往领域即社会关系，社会制度，社会的阶级结构，个体、阶级与社会的关系。

接着剖析的是政治上层建筑领域：国家和法同所有制的关系。这里揭示的包括国家的实质，特别是资产阶级国家的实质。马克思和恩格斯写道，有一种形式，属于统治阶级的个体在其中实现自己的共同利益，该时代的整个市民①社会（即经济关系）在当中找到其集中的表现。资产阶级社会就是资产阶级为了从国家内外互相保障其财产和利益而必然应当接受的组织形式。

---

①　俄文版中的"гражданин"和"бюргер"参照已有的中文译本均处理为"市民"。——中文编译者注

最后马克思和恩格斯阐述了社会意识、它的不同形式以及思想上层建筑领域,也阐明了统治意识与统治阶级的关系。这里特别重要的是对哲学基本问题的唯物主义解决方式的经典表述:意识在任何时候都只能是被意识到了的存在,而人们的存在就是他们的现实生活过程。不是意识决定生活,而是生活决定意识。

在归纳唯物主义历史观的实质时,马克思和恩格斯写道:"由此可见,这种历史观在于:正是从直接生活的物质生产出发阐述现实的生产过程,把同这种生产方式相联系的、它所产生的交往形式即各个不同阶段的市民社会理解为整个历史的基础;而后必须在国家生活的范围内描述市民社会,同时从市民社会出发阐明意识的所有各种不同理论的产物和形式,如宗教、哲学、道德等,在此基础上追溯它们产生的过程。这样当然能够整体描述全部过程(因而也能够描述其不同方面之间的相互作用)。这种历史观和唯心主义历史观不同……解释的不是从观念得来的实践,而是从物质实践得来的观念,由此还可得出下述结论……历史以及宗教、哲学和其他理论的动力不是批判,而是革命。"(参见本版第51—52页,也可比照第28—30页)。

后来,马克思在其著作《政治经济学批判》的序言中经典地表述了唯物主义历史观的实质(第118—120页)。

从《德意志意识形态》阐发的历史唯物主义观中得出的最重要的结论是关于无产阶级和共产主义革命的历史必要性和必然性的结论。

与空想社会主义者先驱相反,马克思和恩格斯强调科学共产主义的根本特点:"共产主义对我们来说不是应当确立的**状况**,不是现实应当与之相适应的**理想**。我们所称为共产主义的是那种消灭现时状况的**实际的**运动。"(第46页)

在《德意志意识形态》中马克思和恩格斯首次表达了无产阶级夺取政权的必要性,首次表明了无产阶级专政的思想:"每一个力图取得统治的阶级——即使它的统治要求消灭整个旧的社会形式和一切统治,就像无产阶级那样,都必须首先夺取政权(第43页)。"在马克思和恩格斯的这个观点当中已经包含了其无产阶级专政学说的萌芽。

在《关于费尔巴哈的提纲》中马克思已经表述了环境的改变和人本身的改变在革命实践中一致的观点。在《德意志意识形态》中马克思和恩格斯证明了共产主义革命的必要性，并且发展了这一重要观点："革命之所以必需，不仅是因为没有任何其他的办法能够推翻**统治**阶级，而且还因为**推翻**统治阶级的那个阶级，只有在革命中才能抛掉自己身上的一切陈旧的肮脏东西并能建立社会的新基础。"（第50页）

这些就是《德意志意识形态》的内容在第一章里集中呈现的基本要点。

＊　＊　＊

撰写《德意志意识形态》这本著作的必要性说到底是由马克思和恩格斯的基本任务所决定的——用科学的理论武装斗争的无产阶级。

1844年春，《德法年鉴》在巴黎出版。马克思和恩格斯发表于其中的文章完成了他们从唯心主义和革命民主主义向唯物主义和共产主义的转变。1848年初，《共产党宣言》的完成标志着马克思主义形成阶段的结束。《德意志意识形态》是这一阶段最重要的著作。

1844年9月，马克思和恩格斯在《神圣家族》的序言中就已经表达了要发展自己的理论观点，反对哲学和社会学最新学说的打算。1844年底，在麦·施蒂纳的《唯一者及其所有物》一书问世之后，上述打算得到了具体化，其形式是决定对德国唯心主义哲学的这一最新成果、该哲学解体的最新产物进行批判。最终在1845年春天，马克思和恩格斯彻底形成了通过批判德国黑格尔以后的哲学的方式发展自己新的世界观的想法。

1845年2月初，马克思被逐出法国，迁居布鲁塞尔。4月初，恩格斯来到马克思所在的布鲁塞尔。此时马克思已经形成了唯物主义历史观的主要思想，他向恩格斯阐述了基本成形的思想。当时马克思在自己的笔记本上草拟了11条关于费尔巴哈的提纲。这些提纲结束了与之前所有哲学划清界限的过程。按照恩格斯的定义，它们是"包含着新

世界观的天才萌芽的第一个文件"(《卡·马克思和弗·恩格斯全集》,
第 2 版,第 21 卷,第 371 页)①。马克思和恩格斯决定共同全面创立自
己新的世界观。这一想法的结果就是后来出版的《德意志意识形态》。

　　关于《德意志意识形态》的想法及其实现,存有作者本人的证明。

　　"当我们 1845 年春天在布鲁塞尔再次会见时",1885 年恩格斯写
道,"马克思……已经大致完成了发展他的唯物主义历史理论的工作,
于是我们就着手在各个极为不同的方面详细制定这些新观点了"
(《卡·马克思和弗·恩格斯全集》,第 2 版,第 21 卷,第 220 页)②。

　　1859 年马克思写道:"弗里德里希·恩格斯从另一条道路得出同
我一样的结果,当 1845 年春他也住在布鲁塞尔时,我们决定共同钻研
我们的见解与德国哲学思想体系的见解之间的对立,实际上是把我们
从前的哲学信仰清算一下。这个心愿是以批判黑格尔以后的哲学的形
式来实现的。""八开本两厚册的原稿早已送到威斯特伐里亚的出版地,
后来我们才接到通知说,由于情况改变,不能付印。既然我们已经达到
了主要目的——自己弄清问题,我们就更为情愿地把原稿交给老鼠去
咬噬批判了"(《卡·马克思和弗·恩格斯全集》,第 2 版,第 13 卷,第 8
页)③。

　　马克思和恩格斯在《德意志意识形态》中为自己弄清楚的问题成了
后来其理论发展的基础。他们在《德意志意识形态》中得出的基本结论
首次发表在马克思的《哲学的贫困》一书和《共产党宣言》里。因此,《关
于费尔巴哈的提纲》是新的世界观的萌芽,《德意志意识形态》是首次对
这一世界观的全面分析,《哲学的贫困》和《共产党宣言》是首次在印刷
物上对这一世界观的基本原理的阐述。

10

---

　　① 本句参照《马克思恩格斯全集》(第 21 卷,人民出版社,1965 年版,第 412 页)
编译。——中文编译者注

　　② 本段参照《马克思恩格斯全集》(第 21 卷,人民出版社,1965 年版,第 247－
248 页)编译,个别行文根据俄文版有所改动。——中文编译者注

　　③ 本段参照《马克思恩格斯全集》(第 13 卷,人民出版社,1962 年版,第 9－10
页)编译,个别行文根据俄文版有所改动。——中文编译者注

马克思和恩格斯开始写作《德意志意识形态》、写作第一章的直接理由是路·费尔巴哈发表了《就〈唯一者及其所有物〉而论〈基督教的本质〉》的文章(《维干德季刊》,1845年,第2卷),尤其是布·鲍威尔发表了《评路德维希·费尔巴哈》的文章以及麦·施蒂纳发表了《施蒂纳的评论者》的文章(《维干德季刊》,1845年,第3卷)。《维干德季刊》1845年第3卷在10月16—18日期间出版,于11月1日前后在图书市场上出现。1845年11月,马克思和恩格斯开始写作《德意志意识形态》第一章。1846年4月,《德意志意识形态》手稿的撰写工作基本完成,但是第一章仍没写完。尽管马克思和恩格斯进行了多次尝试,但还是没能完整发表《德意志意识形态》。在他们生前,其最重要的第一章没有发表。恩格斯逝世后,《德意志意识形态》的手稿落到了德国社会民主党右翼领导人的手中(实际上是由爱·伯恩施坦掌管)。37年间,他们发表了不到一半的文本。

* * *

《德意志意识形态》第一卷第一章首次问世是在苏联。1924年它由马克思和恩格斯研究院用俄文发表(《卡·马克思和弗·恩格斯文库》,第1卷)①,而1926年用原文即德文发表(《马克思恩格斯文库》,第1卷)②。由于研究院在获得可支配的手稿影印件之后立即进行了发表,马克思主义奠基者最重要的著作之一被纳入了科学范畴并可供研究。在这个版本的基础上有一系列的版本在各国出版。

然而,当时马克思和恩格斯的手稿及其结构和内容还未得到充分研究,因此,第一个版本不免存在一系列严重的缺陷。文本的分布总体而言大致与手稿相符,但这一正确原则当时未被贯彻始终。实际上,本身相当复杂的手稿文本并未被加以划分。在文本的辨认和翻译方面存

---

① 俄文版中此括号内的文字为俄文。——中文编译者注
② 俄文版中此括号内的文字为德文。此书中译本参见[俄]梁赞诺夫:《梁赞诺夫版〈德意志意识形态·费尔巴哈〉》,南京大学出版社,2008年版。——中文编译者注

在意义错误。这都对研究和理解该著作造成了很大的困难。

马克思-恩格斯-列宁研究院 1932 年用原文、1933 年用俄文首次完整出版了传至我们的《德意志意识形态》手稿。从那时起，在我国和国外出版了以该版本为基础的《德意志意识形态》的许多版本。

在 1932—1933 年的版本当中，《德意志意识形态》第一卷第一章全新发表。对手稿的判读工作进行了认真检查，呈现给读者的是相当准确的原文文本和总体上令人满意的俄文翻译文本，并在德文文本中手稿得以详尽描述。为方便阅读，文本通过编者所加的标题被分节。

同时，还通过重新编排各个片段的方式试图使未完成的手稿变成完整的著作。然而，对这一重新编排的正确性的细致考察以及后来对手稿及其内容的研究证明，对文本的重新编排没有必要的和充分的根据。

1955 年，《德意志意识形态》作为《卡·马克思和弗·恩格斯全集》第二版的第三卷重新发表。在这个版本当中，文本的俄文翻译得以大幅优化，并且编制了详细的参考附录。同时，第一章材料的编排和分节保留了 1932—1933 年版本的面目。

在本版的《德意志意识形态》第一卷第一章中消除了先前版本在文本的编排和分节方面已被指出的缺陷。文本按照其手稿顺序编排，按其内容分节。此外，本章文本包括两个早前未发现的手稿片段，它们于 1962 年由国际社会史研究所在阿姆斯特丹发表（《社会史国际评论》，第 7 卷，第 1 部分）。所以本版是该章文本的现有版本当中最完整的。

有鉴于此，这个版本的《德意志意识形态》第一章从完整程度和对文本的编排及分节而言，与之前的所有版本都有很大的不同。

＊　＊　＊

《德意志意识形态》第一卷第一章的手稿由写于不同时期、关系不同的几个部分组成。与此相适应，在本版中这一章的文本分为四个部分。手稿的每个组成部分是有着内在逻辑联系的整体。这些部分互相补充，总合在一起构成了马克思和恩格斯 1845—1846 年间形成的唯物主义历史观的完整画面。

该章的全部文本借助编者所加的标题(只有第一个和倒数第二个标题是马克思和恩格斯所加)一共被划分为27节(包括没有专门标题的引节)。这样的划分有助于揭示和探究著作的内部逻辑。在《德意志意识形态》中得以发展的唯物主义历史观是逻辑严整的观点体系。这一体系的逻辑决定了第一章手稿的论述顺序。

分析手稿能发现马克思和恩格斯在撰写这一章时的三个主要工作阶段。第一阶段的结果是本章的第二部分,第二阶段的结果是第三和第四部分,第三阶段的结果是本章的第一(誊清)部分。

比较手稿各个部分能发现总体逻辑,理解《德意志意识形态》第一章的构思,复原其总纲要。概括地说,对于马克思和恩格斯的构思可以做如下梳理:首先马克思和恩格斯对德意志意识形态进行总体论述,接着他们把对唯物主义历史观的阐述与唯心主义相对立,最后批判唯心主义历史观。该章的主要部分是这样搭建的:马克思和恩格斯作为出发点的前提、他们的唯物主义历史观、这一理论得出的结论。而唯物主义历史观本身按照以下顺序阐释:生产发展—交往(社会关系)—政治上层建筑—社会意识的形式。总体而言,按照马克思和恩格斯的构思对《德意志意识形态》第一章纲要的复原如下:

(1) **对德意志意识形态的总体论述**(第一部分,引节和第1节;第二部分,第1节)。

(2) **唯物主义历史观的前提**(第一部分,第2节)。

(3) **生产**(第二部分,第3—5节;第一部分,第3节;第四部分,第1—5节),**交往**(第四部分,第6—10节),**政治上层建筑**(第四部分,第11节),**社会意识的形式**(第三部分,第1节;第四部分,第12节)。

(4) **关于唯物主义历史观的结论和总结**(第二部分,第6—7节;第一部分,第4节)。

(5) **对唯心主义历史观、特别是对青年黑格尔派和费尔巴哈的批判**(第二部分,第8—9节和第2节;第三部分,第1节)。

新版将大大减轻研究《德意志意识形态》丰富内容的难度,有助于更加深入地理解唯物主义历史观,探究其主要观点在形成的决定阶段是如何发展的。

* * *

14　此次为了发表《德意志意识形态》第一卷第一章,又重新把文本的俄文翻译与原稿进行了校对,并对译稿进行了修正。与《卡·马克思和弗·恩格斯全集》第二版第三卷相比,对文本的注解进行了补充和扩展。在筹备本版的过程中成功地对马克思和恩格斯开始写作《德意志意识形态》手稿的时间进行了核实:现已确定,开始写作的时间不是以前认为的 9 月,而是 1845 年 11 月。

在本版当中,除了第一章的文本,还包括作者为《德意志意识形态》第一卷所作的序言(经过校对的译稿)。在正文的附录中给出了马克思关于费尔巴哈的提纲的两个稿本以及恩格斯论费尔巴哈的札记,它们可以被视为第一章的准备材料和对其的补充。在附录中还给出了马克思和恩格斯著作和书信的片段,其中包含有关《德意志意识形态》的历史和意义的最重要的言论。本版附有人名、文献和主题索引。

新版的《德意志意识形态》第一卷第一章由格·亚·巴加图利亚主持编辑,弗·康·布鲁什林斯基编辑。

苏共中央马列主义研究院①

---

① 本序言为巴加图利亚博士所写。此次中译本原署名为巴加图利亚,但在他的郑重要求上,复原为"苏共中央马列主义研究院"。

——审注

卡·马克思 弗·恩格斯
《德意志意识形态》第一卷序言

　　人们迄今总是为自己造出关于自己本身、关于自己是何物或应当是何物的种种虚假观念。他们按照自己关于神、关于标准人等观念建立自己的关系。他们头脑的产物开始统治他们。他们这些创造者屈从于自己的创造物。我们要把他们从幻想、观念、教条和想象的存在物中解放出来，他们在这些东西的枷锁下痛苦不堪。我们要起来反抗这种思想统治。一个人①说，我们教会他们用符合人的本质的思想来代替这些幻想，另一个人②说，我们教会他们批判地对待这些幻想，还有个人③说，我们教会他们从头脑里抛掉这些幻想，这样……现有的实际情况就会崩溃。

　　这些天真的幼稚的空想构成现代青年黑格尔派哲学的核心。在德国，不仅公众怀着畏惧和虔敬的心情接受这种哲学，而且**哲学英雄们**自己在叙述时也郑重地意识到它有震撼世界的危险性和不能容忍的残酷性。本书第一卷的目的在于揭露这些自认为是狼而且也被视为狼的绵羊，指出他们的咩咩叫声只不过是以哲学的形式来重复德国市民的观

---

　①　路·费尔巴哈。——编者注
　②　布·鲍威尔。——编者注
　③　麦·施蒂纳。——编者注

念,而这些哲学诠释者的夸夸其谈只不过反映出德国现实的贫乏。本书的目的在于揭穿同现实的影子所作的哲学斗争,揭穿这种如此投合耽于幻想、精神萎靡的德国人民口味的哲学斗争,使之失去任何信任。

　　一位好汉有一次想到,人们之所以溺死,是因为他们被**关于重力的思想**迷住了。如果他们从头脑中抛掉这个观念,比方说,宣称它是宗教迷信的观念,那么他们就会避免任何溺死的危险。他一生都在同重力的幻想作斗争,关于这种幻想的有害后果,统计学给他提供了越来越多的新证据。这位好汉就是现代德国革命哲学家们的典型。①②

　　　　　．

　　卡·马克思大约手写于 1846 年 4—8 月之间。　　　　据手稿付印

　　首次于 1924 年用俄文发表在　　　　　　　　　　译自德文

《卡·马克思和弗·恩格斯文库》第 1 卷。

----

　　① 俄文版中该词为"прообраз",意为"(后世的)楷模、榜样"或者"原型",这里参照已有的中文译本处理为"典型"。——中文编译者注

　　② 接下去在手稿中删除了:"德国唯心主义同所有其他民族的意识形态没有任何特殊的区别。后者也同样认为观念统治世界,把观念和概念看做决定性的原则,把一定的思想看做只有哲学家们才能揭示的物质世界的秘密。

　　黑格尔完成了实证唯心主义,他不仅把整个物质世界变成了思想世界,而且把整个历史也变成了思想历史。他并不满足于简单记录思想中的东西,他还试图描绘生产它们的活动。

　　从自己梦幻的世界中被驱除的德国哲学家们反抗思想世界。他们……把关于现实的、有形的……观念同这个世界……

　　所有的德国哲学批判家都断言:观念、想法、概念迄今一直统治和决定着现实的人们,现实世界是观念世界的产物。这种情况一直保持到今日,但今后情况不应如此。他们彼此不同的地方在于,他们想用不同的方法来拯救他们认为在自己的固定思想的威力下痛苦不堪的人类;他们彼此不同的地方取决于他们究竟把什么东西宣布为固定思想;但他们相同的地方在于,他们相信这种思想统治;他们相同的地方在于,他们相信他们的批判思想的活动应当导致现存事物的灭亡——他们中的一些人认为只要其进行孤立的思想活动就足以做到这一点,另一些人则想取得普遍的意识。

　　相信现实世界是观念世界的产物,相信观念世界……

　　德国哲学家们对他们的黑格尔的思想世界产生了怀疑,他们抗议思想、观念、想法的统治,而在此以前,按照他们的观点,即按照黑格尔的幻想,思想、观念、想法产生、决定和统治现实世界。他们提出了抗议就咽气了……

　　按照黑格尔体系,观念、思想、概念产生、决定和统治人们的现实生活、他们的物质世界、他们的现实关系。他的叛逆门徒从他那里承受了这一点……"。——编者注

卡·马克思　弗·恩格斯

费尔巴哈·唯物主义观点与唯心主义观点的对立
(《德意志意识形态》第一卷第一章)[1]

第一部分

[第1张]①正如德国的思想家们所宣告的,德国在最近几年里经历了一次无可相比的变革。从施特劳斯开始的黑格尔体系的解体过程[2]变成了一种席卷一切"过去的力量"的世界性骚动。在普遍的混乱中,一些强大的王国产生了,又匆匆消逝了,英雄闪现,但是更勇敢更强悍的对手又把他们推进了暗处。这是一次革命,法国革命同它相比只不过是儿戏;这是一次世界斗争,狄亚多希[3]的斗争在它面前简直微不足道。一些原则为另一些原则所代替,一些思想勇士为另一些思想勇士所歼灭,其速度之快是前所未闻的。在1842—1845年这三年中间,在德国进行的清洗比过去三个世纪都要彻底得多。

据说这一切都是在纯粹的思想领域中发生的。

---

① 马克思和恩格斯为《德意志意识形态》第一卷第一章第二份誊清稿编的号,俄文版中用表示张数的缩写"л"和阿拉伯数字标明,参见编者的尾注1(下同)。——中文编译者注

然而,不管怎么样,我们涉及的是一个有意义的事件:绝对精神的瓦解过程。当它的生命的最后一个火星熄灭之后,这个 caput mortuum^① 的各个组成部分就分解了,它们重新化合,构成新的物质。那些以哲学为业、一直以经营绝对精神为生的人们,现在都扑向这种新的化合物。每个人都开始尽最大的努力兜售他所得到的那一份。竞争在所难免。起初这种竞争还相当体面,具有市民的循规蹈矩的性质。但后来,当德国市场商品已饱和,而在世界市场上尽管竭尽全力也无法找到销路的时候,按照通常的德国方式,所有生意都因工厂的虚假生产、质量下降、原料掺假、伪造商标、买空卖空、空头支票以及没有任何现实基础的信用制度而搞糟了。竞争变成了激烈的斗争,而现在却把这个斗争向我们吹嘘和描绘成一种具有世界历史意义的变革,一种产生了十分重大的结果和成就的因素。

为了正确地评价这种甚至在可敬的德国市民心中唤起其愉快的民族感情的哲学骗局,为了清楚地表明这整个青年黑格尔派运动的渺小卑微和地域局限性,特别是为了揭示这些英雄们的真正业绩和对这些业绩的幻想之间的令人啼笑皆非的显著差异,就必须站在德国以外的立场上来考察一下这些喧嚣吵嚷。^②

---

① 直译是"骷髅",这里的意思是"无用的残渣"。——编者注

② 接下去在誊清稿的第一个方案中曾有被删除的内容:

"[第2页]因此,在我们对这个运动的个别代表人物进行专门批判之前,首先提出一些能阐明他们的共同思想前提的一般意见。这些意见足以在一定程度上表明我们在批判时所持的观点,这对于了解和说明以后各种批评意见是有必要的。我们这些意见[第3页]正是针对**费尔巴哈**的,因为只有他才多少向前迈进了一步,只有他的著作才可以 de bonne foi[认真地]加以研究。

1. 一般的意识形态,包括德国哲学

A. 我们仅仅知道唯一的一门科学,历史学。历史可以从两方面考察,可以把它划分为自然史和人类史。但这两方面有不可分割的联系:只要有人存在,自然史和人类史就彼此相互制约。自然史,即所谓的自然科学,我们在这里不涉及;我们需要研究的是人类史,因为几乎整个意识形态要么曲解这一历史,要么完全撇开它。意识形态本身只不过是这一历史的一个方面。"

接下去在誊清稿的第一个方案中是没被删除的关于唯物主义历史观的内容。在本版中这些内容以第2节的形式被收入誊清稿基本(第二个)方案的文本当中,参见第22-24页。——编者注

1. 一般的意识形态,特别是德意志的

[第2张]德国的批判,直至它最近所作的种种努力,都没有脱离过 20
哲学的基础。这个批判虽然远没有研究过自己的一般哲学前提,但是
它谈到的全部问题终究是在一定的哲学体系,即黑格尔体系的基础上
产生的。不仅是它的回答,而且连它所提出的问题本身,都包含着神秘
主义。对黑格尔的这种依赖关系正是为什么在这些新出现的批判家中
甚至没有一个人试图对黑格尔体系进行全面批判的原因,尽管他们每
一个人都断言自己已经超出了黑格尔哲学。他们和黑格尔的论战以及
他们相互之间的论战,只局限于他们当中的每一个人都抓住黑格尔体
系的某一方面,用它来反对整个体系,也反对别人所抓住的那些方面。
起初他们抓住的是纯粹的、未加伪造的黑格尔的范畴,如"实体"和"自
我意识"①,但是后来却用了更加世俗的名称称呼这些范畴,如"类"、
"唯一者"、"人"②等,把它们玷污了。

从施特劳斯到施蒂纳的整个德国哲学批判都局限于对**宗教**观念的
批判。③ 出发点是现实的宗教和本义上的神学。至于什么是宗教意
识,什么是宗教观念,他们后来下的定义各有不同。其进步在于:所
谓④占统治地位的形而上学观念、政治观念、法律观念、道德观念以及 21
其他观念也被归入宗教观念或神学观念的领域;还在于:政治意识、法
律意识、道德意识被宣布为宗教意识或神学意识,而政治的、法律的、道
德的人,总而言之,"一般人",则被宣布为宗教的人。宗教的统治被预
先当成了前提。一切占统治地位的关系逐渐地都被宣布为宗教的关

---

① 大·弗·施特劳斯和布·鲍威尔的基本范畴。——编者注
② 路·费尔巴哈和麦·施蒂纳的基本范畴。——编者注
③ 接下去在手稿中删除了:"这种批判企图扮演使世界消除一切灾难的绝对救
世主的角色。宗教总是被看做和解释成这些哲学家们所厌恶的一切关系的终极原因、
他们的主要敌人。"——编者注
④ 俄文版中该词为"мнимо",意为"臆造地"或者"虚假地",这里按照已有的中文
译本,处理为"所谓"。——中文编译者注

系,继而被转化为迷信——对法的迷信,对国家的迷信等。到处出现的都只是教义和对教义的信仰。世界在越来越大的规模内被圣化了,直到最后可尊敬的圣麦克斯① en bloc② 把它宣布为圣物,从而一劳永逸地把它葬送为止。

　　老年黑格尔派认为,只要把一切归入黑格尔的某个逻辑范畴,他们就**理解**了一切。青年黑格尔派则通过以宗教观念代替一切或者宣布一切都是神学上的东西来**批判**一切。青年黑格尔派同意老年黑格尔派的这样一个信念,即认为宗教、概念、普遍的东西统治着现存世界。不过一派认为这种统治是篡夺而加以反对,另一派则认为这种统治是合法的而加以赞扬。

　　既然这些青年黑格尔派认为,观念、思想、概念,总之,被他们变为某种独立东西的意识的一切产物,是人们的真正枷锁,就像老年黑格尔派把它们看做是人类社会的真正镣铐一样,那么不言而喻,青年黑格尔派只要同意识的这些幻想进行斗争就行了。既然根据青年黑格尔派的设想,人们之间的关系、他们的一切举止行为、他们受到的束缚和限制,都是他们意识的产物,那么青年黑格尔派完全合乎逻辑地向人们提出一种道德要求,要用人的、批判的或利己的意识来代替他们现在的意识③,从而消除束缚他们的限制。这种改变意识的要求,就是要求用另一种方式来解释存在的东西,也就是说,借助于另外的解释来承认它。青年黑格尔派思想家们尽管满口讲的都是所谓"震撼世界的"词句[4],却是最大的保守分子。他们之中最年轻的人宣称只为反对"**词句**"而斗争,他们为自己的活动找到了最好的表达。不过他们忘记了:他们只是用词句来反对这些词句;既然他们仅仅反对这个世界的词句,那么他们就绝对不是反对现实的、现存的世界。这种哲学批判所能达到的唯一结果,是从宗教史上对基督教作一些说明,而且还是片面的说明。至于

---

①　麦克斯·施蒂纳。——编者注
②　完全、自始至终。——编者注
③　指路·费尔巴哈、布·鲍威尔和麦·施蒂纳。——编者注

他们的全部其他论断,只不过是对他们的要求的进一步修饰:他们用这样一些微不足道的说明作出了似乎具有世界历史意义的发现。

这些哲学家没有一个想到要向自己提出关于德国哲学和德国现实之间的联系问题,关于他们所作的批判和他们自身的物质环境之间的联系问题。①

2. 唯物主义历史观的前提②

[第 3 页]③我们开始要谈的前提不是任意的,它们不是教条,而是一些只有在想象中才能撇开的现实前提。这是一些现实的个人,是他们的活动和他们的物质生活条件,包括他们得到的现成的和由他们自己的活动创造出来的物质生活条件。因此,这些前提可以[第 4 页]用纯粹经验的方法来确认。

全部人类历史的第一个前提无疑是有生命的个人的存在。④ 因此,第一个需要确认的具体事实就是这些个人的肉体组织以及由此产生的个人对其余的自然的关系。当然,我们在这里既不能深入研究人们自身的生理特性,也不能深入研究人们所处的各种自然条件——地质条件、山岳水文地理条件、气候条件以及其他条件。⑤ 任何历史记载都应当从这些自然基础以及它们在历史进程中由于人们的活动而发生的变更出发。

23

---

　　① 接下去,在誊清稿基本方案的手稿中该页剩下部分没有文本。然后从新的一页开始有文本,在本版中它会以第 3 节的形式得以再现,参见第 24 - 28 页。——编者注

　　② 本节的文本出自誊清稿的第一个方案。——编者注

　　③ 编者为《德意志意识形态》第一卷第一章第一份誊清稿编的号,俄文版中用表示页码的缩写"c."和阿拉伯数字标明,参见编者的尾注 1(下同)。——中文编译者注

　　④ 接下去在手稿中删除了:"这些个人把自己和动物区别开来的第一个**历史**行动并不是他们有思想,而在于他们开始**生产自己所必需的生活资料**。"——编者注

　　⑤ 接下去在手稿中删除了:"但是,这些条件不仅决定着人们最初的、自然产生的肉体组织,特别是他们之间的种族差别,而且直到如今还制约着肉体组织的整个进一步发展或不发展。"——编者注

可以根据意识、宗教或随便别的什么来区别人们和动物。一当人们开始**生产**自己所必需的生活资料——这一步是由他们的肉体组织所决定的,他们本身就开始把自己和动物区别开来。人们生产自己所必需的生活资料,同时间接地生产着自己的物质生活本身。

人们用以生产自己所必需的生活资料的方式,首先取决于他们得到的现成的和需要再生产的生活资料本身的特性。

[第5页]这种生产方式不应当只从它是个人肉体存在的再生产这方面加以考察。它在更大程度上是这些个人一定的活动方式、他们一定的生命活动种类、他们一定的**生活方式**。个人的生命活动怎样,他们自己就是怎样。因此,他们是什么样的,这同他们的生产是一致的——既和他们生产**什么**一致,又和他们**怎样**生产一致。因此,个人是什么样的,这取决于他们进行生产的物质条件。

这种生产第一次是随着**人口的增长**而开始的。而生产本身又是以个人彼此之间的**交往**(Verkehr)为前提的。[5]这种交往的形式又是由生产决定的。①

3. 生产和交往。劳动分工和所有制形式:部落的、古代的、封建的

[第3张]各民族之间的相互关系取决于每一个民族的生产力、劳动分工和内部交往的发展程度。这个原理是公认的。然而,不仅一个民族与其他民族的关系,而且这个民族本身的整个内部结构也取决于它的生产以及它内部和外部的交往的发展程度。一个民族的生产力的发展水平,最明显地表现于该民族劳动分工的发展程度。任何新的生产力,因为它不只是迄今已知的生产力的量的扩大(例如,开垦新的土地),所以会引起劳动分工的进一步发展。

某一民族内部的劳动分工,首先引起工商业劳动与农业劳动的分

---

① 誊清稿的第一个方案在此结束。接下去在本版中是誊清稿的基本方案。——编者注

离,从而也引起**城市**和**乡村**的分离及其利益的对立。劳动分工的进一步发展导致商业劳动与工业劳动的分离。同时,由于这些不同部门内部的劳动分工,在某一劳动领域共同劳动的个人之间的分工得到发展。这种种分工的相互关系取决于农业劳动、工业劳动和商业劳动的经营方式(父权制、奴隶制、等级、阶级)。在交往比较发达的条件下,同样的情况也会在各民族间的相互关系中出现。

劳动分工发展的各个不同阶段,同时也就是所有制的各种不同形式。这就是说,劳动分工的每一个阶段还要根据个人与劳动材料、劳动工具和劳动产品的关系决定他们相互之间的关系。

第一种所有制形式是部落所有制。[6]它与生产的不发达阶段相适应,当时人们靠狩猎、捕鱼、牧畜,或者最多靠耕作为生。在后一种情况下,它是以有大量未开垦的土地为前提的。在这个阶段,劳动分工还很不发达,仅限于家庭中现有的自然出现的劳动分工的进一步扩大。因此,社会结构只限于家庭的扩大:父权制的部落首领,他们管辖的部落成员,还有奴隶。以隐蔽的方式存在于家庭中的奴隶制,只是随着人口和需求的增长,随着外部交往——既以战争的形式,也以易货交易的形式——的扩大而逐渐发展的。

第二种所有制形式是古代的公社和国家所有制,这种所有制主要是由于几个部落通过契约或征服联合为一个**城市**而产生的,在这种所有制下仍然保存着奴隶制。除公社所有制以外,动产私有制以及后来的不动产私有制已经发展起来,但它们是作为一种反常的、从属于公社所有制的形式发展起来的。国家的公民仅仅共同占有自己那些做工的奴隶,因此以公社所有制的形式被联系起来。这是国家积极公民的一种共同私有制,他们面对奴隶不得不保存这种自然出现的联合方式。因此,建筑在这个基础上的整个社会结构,以及与此相联系的人民权力,随着私有制,特别是不动产私有制的发展而逐渐趋向衰落。劳动分工已经比较发达。我们已经碰到城乡之间的对立,后来,一些代表城市利益的国家同另一些代表乡村利益的国家之间的对立出现了。在城市内部存在着工业和海洋贸易之间的对立。公民和奴隶之间的阶级关系已经充分发展。

26　　随着私有制的发展,这里第一次出现了我们在考察现代私有制时还将会遇见的关系——只不过规模更大。一方面是私有财产的集中,这种集中在古罗马很早就开始了(李奇尼乌斯土地法[7]就是证明),从内战发生以来,尤其是在王政时期,发展得非常迅速;另一方面是由此而来的平民小农向无产阶级的转化,然而,后者由于处于有产者公民和奴隶之间的中间地位,因此并未获得独立的发展。

　　第三种形式是封建的或等级的所有制。如果对于古代而言起点是**城市**及其不大的周边地区,中世纪的起点则是**乡村**。地旷人稀,居住分散,而征服者也没有使人口大量增加——这种情况决定了起点有这样的变化。因此,与希腊和罗马相反,封建制度的发展是在一个宽广得多的、由罗马的征服以及起初就与此相关的农业的普及所准备好了的地域上开始的。趋于衰落的罗马帝国的最后几个世纪和蛮族对它的征服本身,使得生产力遭到了极大的破坏;农业衰落了,工业由于缺乏销路而一蹶不振,商业停滞或被迫中断,城乡居民减少了。在日耳曼人的军事制度的影响下,征服者遇到的所有这些情况以及受其制约的实现征服的方式发展了封建所有制。这种所有制与部落所有制和公社所有制一样,也是以某种共同体(Gemeinwesen)为基础的。但是作为直接进行生产的阶级而与这种共同体对立的,已经不是与古代世界相对立的奴隶,而是小农奴。随着封建制度的充分发展,也产生了与城市对立的现象。土地占有的等级结构以及与此相联系的武装扈从制度使贵族掌握了支配农奴的权力。这种封建结构同古代的公社所有制一样,是一

27　种联合,其目的在于对付被统治的生产者阶级;只是联合的形式与直接生产者的关系有所不同,因为出现了不同的生产条件。

　　在**城市**中与这种土地占有的封建结构相适应的是行会所有制,即手工业的封建组织。在这里财产主要是[第4张]个人的劳动。联合起来反对勾结在一起的掠夺成性的贵族的必要性,在实业家同时又是商

人的时期对公共市场用地的需要，流入当时繁华城市的逃亡农奴的竞争的加剧，全国的封建结构，——所有这一切产生了**行会**；个别手工业者逐渐积蓄起少量资本，在人口不断增长的情况下他们的人数没有变动，这就使得帮工和学徒制度得到了发展，这种制度在城市里产生了一种和农村等级制相似的等级制。

这样，封建时代的所有制的主要形式，一方面是地产和束缚于地产的农奴劳动，另一方面是拥有少量资本并支配着帮工劳动的自身劳动。这两种所有制的结构都是由狭隘的生产关系——薄弱而原始的土地耕作和手工业式的工业——决定的。在封建制度的繁荣时代，劳动分工不显著。每一个国家都存在城乡之间的对立；虽然等级结构表现得非常鲜明，但是除了在乡村里有王公、贵族、僧侣和农民的划分，在城市里有师傅、帮工、学徒以及不久以后出现的平民短工的划分之外，就再没有什么显著的劳动分工了。在农业中，劳动分工因土地的小块耕作而受到阻碍，与这种耕作方式同时产生的还有农民自己的家庭工业；在工业中，各手工业内部根本没有实行劳动分工，而各手工业之间的劳动分工也很少。在比较老的城市中，工业和商业早就分工了；而在比较新的城市中，只是在后来当这些城市彼此发生了关系的时候，这样的分工才发展起来。

比较广大的地区联合为封建王国，无论对于土地贵族还是对于城市来说，这都是一种需要。因此，统治阶级的组织即贵族的组织到处都在君主的领导之下。①

4. 唯物主义历史观的本质。社会存在和社会意识

[第 5 张]由此可见，事情是这样的：以一定的方式进行生产活动的

---

①　接下去，在手稿中该页剩下部分没有文本。然后从新的一页开始是关于唯物主义历史观的概要。第四种即资产阶级所有制形式将会在本章的第四部分第 2 - 4 节考察。——编者注

一定的个人①,发生一定的社会关系和政治关系。经验的观察在任何情况下都应当根据经验来揭示社会结构和政治结构同生产的联系,而不应当带有任何神秘和思辨的色彩。社会结构和国家总是从一定的个人的生活过程中产生的。但是,这里所说的个人不是他们自己或别人想象中的那种个人,而是**现实中的**个人,也就是说,这些个人是从事活动的,进行物质生产的,因而是在一定的物质的,不受他们任意支配的界限、前提和条件下活动着的。②

思想、观念、意识的生产最初是直接与人们的物质活动,与人们的物质交往,与现实生活的语言交织在一起的。人们的想象、思维、精神交往在这里还是人们物质行动的直接产物。表现在某一民族的政治、法律、道德、宗教、形而上学等的语言中的精神生产也是这样。人们是自己的观念、思想等的生产者,但这里所说的人们是现实的、从事活动的人们,他们受自己的生产力的一定发展和与之相适应的交往——直到交往的最间接的形式——所制约。③ 意识(das Bewußtsein)在任何时候都只能是被意识到了的存在(das bewußte Sein),而人们的存在就是他们生活的实际过程。如果在全部意识形态中,人们和他们的关系就像在照相机中一样是倒立的,那么这种现象也是从人们生活的历史过程中产生的,正如物体在视网膜上的倒影是直接从人们生活的生理过程中产生的一样。

---

① 最初的方案是"在一定生产关系中的一定的个人"。——编者注

② 接下去在手稿中删除了:"这些个人为自身创造的观念,观念的实质或者是关于他们同自然界的关系,或者是关于他们之间的关系,或者是关于他们自己是谁。显然,在所有这些情况下,这些观念都是他们的现实关系和活动、他们的生产、他们的交往、他们的社会和政治组织有意识的表现——不管这种表现是现实的还是虚幻的。相反的假设只有在除了现实的、受物质制约的个人精神以外的还假定有某种特殊精神的情况下才能成立。如果这些个人的现实关系的有意识的表现是虚幻的,如果他们在自己的观念中把自己的现实颠倒过来,那么这又是由他们的物质活动方式的局限性以及由此而来的他们狭隘的社会关系造成的。"——编者注

③ 最初的方案是:"人们是自己的观念、思想等的生产者,而这些人们正是受他们的物质生活的生产方式、他们的物质交往以及这种交往在社会和政治结构中的进一步发展所制约的。"——编者注

德国哲学从天国降到人间；和它完全相反，这里我们是从人间升到天国。就是说，我们不是从人们所说的、所设想的、所想象的东西出发，也不是从口头说的、思考出来的、设想出来的、想象出来的人们出发，去理解真正的人们。我们的出发点是从事实际活动的人们，而且从他们的现实生活过程中我们还可以揭示这一生活过程在意识形态上的反射和反响的发展。甚至人们头脑中形成的模糊的东西也是他们可以通过经验来确认的、与物质前提相联系的物质生活过程的必然产物、某种升华物。因此，道德、宗教、形而上学和其他意识形态，以及与它们相适应的意识形式便失去独立性的外观了。它们没有历史，没有发展；发展自己的物质生产和物质交往的人们，在改变自己的这个现实的同时也改变着自己的思维和思维的产物。不是意识决定生活，而是生活决定意识。前一种考察方法从意识出发，把意识看做是有生命的个人。后一种符合现实生活的考察方法则从现实的、有生命的个人本身出发，把意识仅仅看做是**他们的**意识。

这种考察方法不是没有前提的。它从现实的前提出发，它一刻也不离开这种前提。它的前提是人们，但不是处在某种虚幻的封闭、与世隔绝状态中的人们，而是处在现实的、可以通过经验观察到的、在一定条件下进行的发展过程中的人们。当描绘出这个活跃的生活过程时，历史就不再像那些本身还是抽象的经验论者所认为的那样，是一些僵死的事实的汇集，也不再像唯心主义者所认为的那样，是想象的主体的想象活动。

在思辨终止的地方，在现实生活面前，正是描述人们实践活动和实际发展过程的真正的实证科学开始的地方。关于意识的空话将终止，它们的位置应该被真正的知识占据。对现实的描述会使独立的哲学失去其生存环境，能够取而代之的充其量不过是从对人类历史发展的考察中抽象出来的最一般的结果的概括。这些抽象本身离开了现实的历史就没有任何价值。它们只能对整理历史资料提供某些方便，指出历史资料各层次的顺序。但是这些抽象与哲学不同，它们绝不提供可以

30

31 适用于各个历史时代的药方或公式。相反，只是在着手考察和整理资料——不管是有关过去时代的还是有关当代的资料——的时候，在实际阐述资料的时候，困难才开始出现。这些困难的排除受到种种前提的制约，这些前提在这里是根本不可能提供出来的，而只能从对每个时代的个人的现实生活过程和活动的研究中产生。这里我们只举出几个我们用来与意识形态相对照的抽象，并用历史的例子来加以说明。①

32 # 第二部分

1. 人类真正解放的条件②

［第1页］③当然，我们不会花费精力去启发我们的聪明的哲学家，使他们懂得：如果他们把哲学、神学、实体和其余一切废物消融在"自我意识"中，如果他们把"人"从这些词句的统治下——而人从来没有受过这些词句的奴役——解放出来④，那么"人"的"解放"也并没有前进一步；只有在现实的世界中并使用现实的手段才能实现真正的解放；没有蒸汽机和珍妮走锭精纺机就不能消灭奴隶制；没有改良的农业就不能消灭农奴制；当人们还不能使自己的吃喝住穿在质和量方面得到充分保证的时候，人们就根本不能获得解放。"解放"是一种历史活动，而不是思想活动，"解放"是由历史的关系、工业状况、商业状况、农业状况、

---

① 誊清稿的基本(第二个)方案在这里结束，接下去在本版中是最初手稿的三个部分。——编者注

② 这一节的文本是第一次用俄文发表。——编者注

③ 马克思为《德意志意识形态》第一卷第一章手稿的三个草稿部分编的号，俄文版中用阿拉伯数字标明，参见编者的尾注1。——中文编译者注

④ 马克思的边注："哲学的和真正的解放。""一般人。唯一者。个人。""地质学的、水文地理学的等等条件。人体。需要和劳动。"——编者注

交往状况促成的……①[第2页]其次,还要根据它们的不同发展阶段,清除实体、主体、自我意识和纯批判等无稽之谈,正如同清除宗教的和神学的无稽之谈一样,而且在它们有了更充分的发展以后再次清除这些无稽之谈。② 当然,在像德国这样一个只有很可怜的历史发展的国家里,这些纯粹的思想领域的运动,这些被捧上了天的、毫无作用的卑微琐事弥补了历史发展的不足,它们已经根深蒂固,必须同它们进行斗争。但这是具有地方性意义的斗争。③

2. 费尔巴哈唯物主义的直观性和不彻底性的批判

　　……④[第8页]实际上对**实践的**唯物主义者即**共产主义者**来说,全部问题都在于使现存世界革命化,实际地反对并改变事物的现状。如果在费尔巴哈那里有时也遇见类似的观点,那么它们始终不过是一些零星的猜测,而且对费尔巴哈的总的观点的影响微乎其微,只能把它们看做是具有发展能力的萌芽。费尔巴哈对感性世界的"理解",一方面仅仅局限于对这一世界的单纯的直观,另一方面仅仅局限于单纯的感觉。费尔巴哈谈到的是"人的本身",而不是"现实的历史的人"。"人的本身"实际上是"德国人"。在前一种情况下,在对感性世界的**直观**中,他不可避免地碰到与他的意识和感觉相矛盾的东西,这些东西扰乱了他所假定的感性世界的一切部分的和谐,特别是人与自然界的和谐。⑤ 为了消除这个障碍,他不得不在某种二重性的直观当中寻求救助,这种直观介于仅仅看到"眼前"的东西的普通直观和看出事物的"真正本质"的更高级的哲学直观之间。他没有发现,他周围的感性世界绝

34

---

　　① 手稿残缺:本张下端被撕,缺一行文本。——编者注
　　② 马克思的边注:"词句和现实的运动。词句对德国的意义。"——编者注
　　③ 马克思的边注:"语言是现实性的语言。"——编者注
　　④ 这里缺五页手稿。——编者注
　　⑤ 注意:费尔巴哈的错误不在于他使眼前的感性**外观**从属于通过对感性事实作比较精确的研究而确定的感性现实,而在于他要是不用**哲学家**的"眼睛"——就是说,要是不戴"眼镜"——来观察感性,便对感性束手无策。

不是某种开天辟地以来就直接存在的、始终如一的东西,而是工业和社会状况的产物,而且是历史的产物,是世世代代活动的结果,其中每一代都在前一代所达到的基础上继续发展前一代的工业和交往方式,并随着需要的改变而改变它的社会制度。甚至连最简单的"感性确定性"的对象也只是由于社会发展、工业和商业交往才提供给他的。大家知道,樱桃树和几乎所有的果树一样,只是在数世纪以前由于**商业**才在我们这个地区出现。由此可见,樱桃树只是[第9页]**由于**一定的社会在一定时期的这种活动才为费尔巴哈的"感性确定性"所感知。

此外,只要这样按照事物的本来面目及其产生情况来理解它们,任何深奥的哲学问题——后面将对这一点作更清楚的说明——都可以简单地归结为某种经验的事实。人对自然的关系这一重要问题(或者如布鲁诺所说的(第110页)[8],关于"自然和历史的对立"的问题,好像这是两种互不相干的"事物",好像人的面前始终不会有历史的自然和自然的历史)就是一个例子,这是一个产生了关于"实体"和"自我意识"的一切"高深莫测的创造物"①的问题。如果注意到在工业中向来就有那个很著名的"人和自然的统一",而且这种统一在每一个时代都随着工业或快或慢的发展而不断改变,就像人与自然的"斗争"促进其生产力在相应基础上的发展一样,那么上述问题也就自行消失了。工业和商业、生活必需品的生产和交换,一方面制约着不同社会阶级的分配和彼此的界限,同时它们在自己的运动形式上又受着后者的制约。这样一来,打个比方说,费尔巴哈在曼彻斯特只看见一些工厂和机器,而100年以前在那里只能看见脚踏纺车和织布机;或者,他在罗马的坎帕尼亚只发现一些牧场和沼泽,而奥古斯都时代他在那里只会发现全是罗马资本家的葡萄园和别墅。费尔巴哈特别谈到用自然科学认识的自然直观,提到一些只有物理学家和化学家的眼睛才能识破的秘密,但是如果没有工业和商业,哪里会有自然科学呢? 甚至这个"纯粹的"自然科学

---

①　歌德:《浮士德》,《天上序幕》。——编者注

也只是由于商业和工业,由于人们的感性活动才达到自己的目的和获得自己的材料的。这种活动、这种连续不断的感性劳动和创造、这种生产,是整个感性世界能如现在这样存在的深刻基础,哪怕它只中断一年,费尔巴哈就会看到,不仅在自然界将发生巨大的变化,而且整个人类世界、他、费尔巴哈、直观本身的能力甚至它本身的存在也会很快就没有了。当然,在这种情况下外部自然界的优先地位仍然会保持着,而这一切当然不适用于原始的、通过 generatio aequivoca① 的途径产生的人们。但是,这种区别只是因为人被看做是某种与自然界不同的东西才有意义。此外,这个先于人类历史而存在的自然界不是费尔巴哈生活的自然界;这是除去在澳洲最新出现的一些珊瑚岛以外如今在任何地方都不再存在的自然界,因而对于费尔巴哈来说也是不存在的。

诚然,费尔巴哈[第 10 页]比"纯粹的"唯物主义者有很大的优点:他承认人也是"感性对象"。但是,他把人只看做是"感性对象",而不是"感性活动",因为他在这里也仍然停留在理论的范围内,没有从人们现有的社会联系,从那些使人们成为现在这种样子的周围生活条件来观察人们——这一点且不说,他还从来没有看到现实存在着的、活动的人们,而是停留于抽象的"人",并且仅仅限于在感情范围内承认"现实的、单个的、肉体的人",也就是说,除了爱与友情,而且是理想化了的爱与友情以外,他不知道"人与人之间"还有什么其他的"人的关系"。他没有批判现在的生活关系。可见,他从来没有把感性世界理解为构成这一世界的个人的全部活生生的感性**活动**,因此,比方说,当他看到的是大批患瘰疬病的、积劳成疾的和患肺痨的穷苦人而不是健康人的时候,便不得不求助于"更高的直观"和理想的"类的平等化",这就是说,正是在共产主义的唯物主义者看到根本改造工业和社会制度的必要性和条件的地方,他却重新陷入唯心主义。

因为费尔巴哈是一个唯物主义者,所以历史在他的视野之外;因为

---

① 自然发生。——编者注

他研究历史,所以他绝对不是一个唯物主义者。在他那里,唯物主义和历史是彼此完全脱离的。这一点从上面所说的看来已经非常明显了①。

3. 原始的历史关系,或者社会活动的基本方面:生活资料的生产、新需求的产生、人们的生产(家庭)、交往、意识

[第11页]②我们谈到的是一些没有任何前提的德国人,因此我们首先应当确定一切人类生存的第一个前提,也就是一切历史的第一个前提,这个前提是:人们为了能够"创造历史",应该有生活的可能性。③但是为了生活,首先就需要吃喝住穿以及其他一些东西。④ 因此,第一个历史活动就是生产满足这些需要所必需的资料,即生产物质生活本身,而且这是这样的历史活动,一切历史的这样的基本条件,人们单是为了能够生活就必须每日每时去完成它(现在和几千年前都是这样)。即使感性在圣布鲁诺那里被归结为像一根棍子那样微不足道的东西[10],它仍然必须以生产这根棍子的活动为前提。因此在弄清任何的历史情况时第一件事情就是必须注意上述基本事实的全部意义和全部范围,并给予其应有的地位。大家知道,德国人从来没有这样做过,所以他们从来没有为历史提供**世俗**基础,因而也从来没有过一个历史学家。法国人和英国人尽管对这一事实同所谓的历史之间的联系理解得非常片面——特别是因为他们受政治思想的束缚,但毕竟作了为历史编纂学提供唯物主义基础的初步尝试,首次写出了市民社会史、商业史和工业史。

------

① 接下去在手稿中删除了:"我们之所以在这里比较详细地谈论历史,只是因为德国人习惯用'历史'和'历史的'等字眼随心所欲地设想,但就不涉及现实。'甜言蜜语的'圣布鲁诺就是一个出色的例子。"——编者注

② 马克思的边注:"**历史**。"——编者注

③ 比照本版第55页。——编者注

④ 马克思的边注:"**黑格尔**[9]。地质学的、水文地理学的等条件。人体。需要,劳动。"——编者注

　　第二个事实是,[第12页]得到满足的第一个需要本身、满足需要的活动和已经获得的为满足需要而用的工具又引起新的需要,而这种新的需要的产生是第一个历史活动。从这里立即可以明白,德国人的伟大历史智慧是谁的精神产物。德国人认为,在他们缺乏实证材料的地方,在神学、政治和文学的谬论不能立足的地方,就没有任何历史,只有"史前时期";至于如何从这个荒谬的"史前历史"过渡到真正的历史,他们却没有对我们作任何解释。不过另一方面,他们的历史思辨之所以特别热衷于这个"史前历史",是因为他们认为在这里他们不会受到"粗暴事实"的干预,而且还可以让他们的思辨欲望得到充分的自由,创立和推翻成千上万的假说。

　　一开始就进入历史发展过程的第三种关系是:每日都在重新生产自己生命的人们开始生产另外一些人,即繁殖。这就是夫妻之间的关系,父母和子女之间的关系,也就是**家庭**。这种家庭起初是唯一的社会关系,后来,当需要的增长产生了新的社会关系而人口的增多又产生了新的需要的时候,家庭便成为从属的关系了(德国除外),这时就应该根据现有的经验材料来考察和研究家庭,而不应该像通常在德国所做的那样,根据"家庭的概念"来考察和研究家庭。

　　此外,不应该把社会活动的这三方面看做是三个不同的阶段,而只应该看做是三个方面,或者,为了使德国人能够了解,把它们看做是三个"因素"。从历史的最初时期起,从第一批人出现时起,这三个方面就同时存在着,而且现在也还在历史上起着作用。

　　生命的生产,无论是通过劳动而达到的自己生命的生产,或是通过生育而达到的他人生命的生产,就立即表现为双重[第13页]关系:一方面是自然关系,另一方面是社会关系;社会关系的含义在这里是指许多个人的共同活动,至于这种活动在什么条件下、用什么方式和为了什么目的而进行,则是无关紧要的。由此可见,一定的生产方式或一定的工业阶段总是与一定的共同活动方式或一定的社会阶段联系着的,而这种共同活动方式本身就是"生产力";由此可见,人们所达到的生产力

39　的总和决定着社会状况,因而,始终必须把"人类的历史"同工业和交换
的历史联系起来研究和探讨。但是,这样的历史在德国是写不出来的,
这也很明显,因为对于德国人来说,要做到这一点不仅缺乏理解能力和
材料,而且还缺乏"感性确定性";而在莱茵河彼岸之所以不可能有关于
这类事情的任何经验,是因为那里再没有发生什么历史。由此可见,一
开始就表明了人们之间是有物质联系的。这种联系是由需要和生产方
式决定的,它和人们本身一样古老;这种联系不断采取新的形式,因而就
是"历史",它完全不需要有还能把人们联合起来的任何政治的或宗教的
呓语。

　　只有现在,在我们已经考察了原初的历史的关系的四个因素、四个
方面之后,我们才发现:人也具有"意识"①。但是这种意识并非一开始
就是"纯粹的"意识。"精神"从一开始就[第 14 页]很倒霉,受到物质的
"纠缠",物质在这里表现为振动着的空气层、声音,简言之,即语言。语
言和意识一样古老;语言**是**一种实践的、既为别人存在并仅因如此也为
我自身存在的、现实的意识。语言也和意识一样,只是由于需要,由于
和他人交往的迫切需要才产生的。② 凡是有某种关系存在的地方,这
种关系都是为我而存在的。动物不对什么东西发生"**关系**",而且根本
没有"关系";对于动物来说,它对他物的关系不是作为关系存在的。因
而,意识一开始就是社会的产物,而且只要人们存在,它就仍然是这种
40　产物。当然,意识起初只是对**最密切的**可感知的环境的一种意识,是对
处于开始意识到自身的个人之外的其他人和其他物的狭隘联系的一种
意识。同时,它也是对自然界的一种意识,自然界起初是作为一种完全
异己的、有无限威力的和不可制服的力量与人们对立的,人们同自然界
的关系完全像动物同自然界的关系一样,人们就像牲畜一样慑服于它

────────────

　　① 马克思的边注:"人们之所以有历史,是因为他们必须**生产**自己的生活,而且
必须用**一定的**方式来进行。这是受他们的肉体组织制约的,就像他们的意识一
样。"——编者注

　　② 接下去在手稿中删除了:"我对我的环境的关系是我的意识。"——编者注

的权力，因而，这是对自然界的一种纯粹动物式的意识（神化自然）。

这里立即可以看出，这种神化自然或对自然界的特定关系，是由社会形式决定的，反过来也是一样。这里和任何其他地方一样，自然界和人的同一性也表现在：人们对自然界的狭隘的关系决定着他们之间的狭隘的关系，而他们之间的狭隘的关系又决定着他们对自然界的狭隘的关系，这正是因为自然界几乎还没被历史的进程所改变。但是，另一方面，意识到必须和周围的个人来往，也就是开始意识到人总是生活在社会中的。这个开始同这一阶段的社会生活本身一样，带有动物的性质；这是纯粹的畜群意识，这里，人和绵羊不同的地方只是在于：他的意识代替了他的本能，或者说他的本能被意识到了。由于生产效率的提高、需要的增长以及作为两者基础［第 15 页］的人口的增多，这种绵羊的或者部落的意识获得了进一步的发展。与此同时劳动分工也发展起来了。它起初只是性行为的分工，后来由于天赋（例如体力）、需要、偶然性等才自发地或"自然形成的"劳动分工。劳动分工只是从物质劳动和精神劳动分离的时候起才成为真正的分工。① 从这时候起意识**才能**现实地想象：它是和现存实践的意识不同的某种东西；它不用想象某种现实的东西就能**现实地**想象某种东西。从这时候起，意识才能摆脱世界而去构造"纯粹的"理论、神学、哲学、道德等。但是，即便这种理论、神学、哲学、道德等和现存的关系发生矛盾，那么，这仅仅是因为现存的社会关系和现存的生产力发生了矛盾。不过，在一定民族的各种关系的范围内，这也可能不是因为现在该民族范围内出现了矛盾，而是因为在该民族的意识和其他民族的实践之间②，即在某一民族的民族意识和普遍意识之间出现了矛盾（就像目前德国的情形那样）；既然这种矛盾表现为只存在于民族意识范围内的矛盾，那么在这个民族看来，斗争也就限于这种民族废物。

41

---

① 马克思的边注："与此相适应的是思想家、**僧侣**的最初形式。"——编者注

② 马克思的边注："**宗教**。具有**意识形态**本身的德国人。"——编者注

[第16页]但是,意识本身采取什么形式,这完全是无关紧要的。我们从所有这些赘述中只能得出一个结论,那就是:上述三个因素——生产力、社会状况和意识——彼此之间可能而且应该发生矛盾,因为**劳动分工**不仅使精神活动和物质活动①、享受和劳动、生产和消费由不同的个人来分担的情况成为可能,而且成为现实;而要使这三个因素彼此不发生矛盾,只有消灭劳动分工。此外,不言而喻,"怪影"、"枷锁"、"最高存在物"、"概念"、"怀疑"只是唯心的、精神的表现,只是假想中被孤立的个人的观念,关于经验的束缚和界限的观念;生活的生产方式以及与此相联系的交往形式在这些束缚和界限的范围内运动。

4. 社会劳动分工和它的后果:私有制、国家、社会活动的"异化"

劳动分工包含着上述所有矛盾,同时又是以家庭中自然产生的劳动分工和以社会分裂为单个的、互相对立的家庭这一点为基础的。与这种劳动分工同时出现的还有**分配**,而且是劳动及其产品的**不平等的**分配——无论在数量上或质量上;因而产生了所有制,[第17页]它的萌芽和最初形式在家庭中已经出现,在那里妻子和孩子是丈夫的奴隶。家庭中的奴隶制——诚然,它还是非常原始和隐蔽的——是第一种所有制,但就是这种所有制也完全符合现代经济学家所下的定义,即所有制是对他人劳动力的支配。其实,劳动分工和私有制是等同的表达方式:一个是就活动而言,另一个是就活动的产品而言。

其次,随着分工的发展也产生了单个人的利益或单个家庭的利益与所有互相交往的个人的共同利益之间的矛盾;而且这种共同利益不是仅仅作为一种"普遍的东西"存在于观念之中,而首先是作为彼此有了分工的个人之间的相互依存关系存在于现实之中。

正是由于私人利益和共同利益之间的这种矛盾,共同利益才以**国**

---

① 被删除的马克思的边注:"活动和思维,即没有思想的活动和没有活动的思想。"——编者注

家的方式采取与实际的利益——不论是单个的还是共同的——相脱离的独立形式,同时采取虚幻的共同体的形式。而这始终是在每一个家庭或部落集团中现有的骨肉联系、语言联系、较大规模的劳动分工联系以及其他利益的联系的现实基础上,特别是正如我们以后将要阐明的那样,是在已经由劳动分工决定的阶级利益的基础上产生的,这些阶级是在每一个这样的人群中分离出来的,其中一个阶级统治着其他一切阶级。从这里可以看出,国家内部的一切斗争——民主政体、贵族政体和君主政体相互之间的斗争,争取选举权的斗争,等等,不过是一些虚幻的形式,在这些形式下进行着不同阶级之间的真正的斗争(德国的理论家们对此一窍不通,尽管在《德法年鉴》和《神圣家族》^[11]中已经十分明确地向他们指出过这一点)。从这里还可以看出,每一个力图取得统治的阶级——即使它的统治要求消灭整个旧的社会形式和一切统治,就像无产阶级那样,都必须首先夺取政权,以便把自己的利益又说成是普遍的利益,而这是它在初期不得不如此做的。

⁴³

　　正因为各个人所追求的**仅仅**是自己的特殊的、对他们来说是同他们的共同利益不相符合的利益,正因为普遍的东西就是虚幻的共同体的形式,所以这种共同利益是"异己的",[第18页]"不依赖"于他们的,即仍旧是一种特殊的独特的"普遍"利益,或者说,他们本身必须在这种不一致的状况下活动,就像在民主制中一样。而另一方面,这些始终**真正地**同共同利益和虚幻的共同利益相对抗的特殊利益所进行的**实际**斗争,使得通过国家这种虚幻的"普遍"利益来进行**实际**的干涉和约束成为必要。①

　　[第17页]最后,劳动分工立即给我们提供了第一个例证,说明只要人们还处在自然形成的社会中,就是说,只要私人利益和共同利益之间还有分裂,就是说,只要活动的分工还不是出于自愿,而是自然形成的,那么人本身的活动对人来说就成为一种异己的、同他对立的力量,这种力量压迫着人,而不是人驾驭着这种力量。原来,当劳动分工一出现之

----

　　① 这两段是恩格斯手写在页边的。——编者注

44　　后,每个人都有自己一定的特殊的活动范围,这个范围是强加于他的,他不能超出这个范围:他是一个猎人、渔夫或牧人,或者是一个批判的批判者,只要他不想失去生活资料,他就始终应该是这样的人。而在共产主义社会里,每个人都不受特殊的活动范围限制,而是可以在任何领域发展,社会调节着整个生产,因而为我创造了可能性,可以今天干这事,明天干那事,上午打猎,下午捕鱼,傍晚从事畜牧,晚饭后从事批判——我想干什么都可以,这样就不会使我老是一个猎人、渔夫、牧人或批判者。

　　[第18页]社会活动的这种固定化,我们本身的产物聚合为一种统治我们、不受我们控制、与我们的希望背道而驰并使我们的打算落空的物质力量,这是迄今为止历史发展的主要因素之一。受劳动分工制约的不同个人的共同活动产生了一种社会力量,即扩大了的生产力。因为共同活动本身不是自愿地而是自然形成的,所以这种社会力量在这些个人看来就不是他们自身的联合力量,而是某种异己的、在他们之外的权力。关于这种权力的起源和发展趋向,他们一点也不了解,因而他们不再能驾驭这种力量,相反的,这种力量现在却经历着一系列独特的、不仅不依赖于人们的意志和行为反而支配着人们的意志和行为的发展时期和阶段。① 否则,例如财产一般怎么能够具有某种历史,采取各种不同的形式呢? 例如地产怎么能够像在今天实际生活中所发生的

45　　那样,根据现有的不同前提条件而发展呢? 在法国是从小块经营的形式发展到集中于少数人之手,而在英国则是从集中于少数人之手的状况发展到小块经营的形式? 或者贸易——它只不过是不同个人和不同国家的产品交换——怎么能够通过供求关系而统治全世界呢? 用一位英国经济学家的话说,这种关系就像古代的命运之神一样,逍遥于寰球之上,用看不见的手在人们中间分配幸福和灾难,把一些王国创造出来[第19页]又把它们毁灭掉,使一些民族产生又使它们衰亡;但随着基

---

　　① 此处马克思在页边写下了作为下一节开始两段的文本,在本版中它被直接再现于本段之后。——编者注

础即私有制的消灭,随着对生产实行共产主义的调节——这种调节消灭人们对于自己本身产品的异化关系,供求关系的统治也将消失,人们将使交换、生产及其相互关系的方式重新受自己的支配。

5. 作为共产主义的物质前提的生产力发展

[第18页]用哲学家易懂的话来说,这种**"异化"**当然只有在具备了两个**实际**前提条件之后才可能被消灭。要成为一种"不堪忍受的"力量,即成为革命所要反对的力量,要让它把人类的大多数变成完全"没有财产的"人,同时这些人又同现存的有钱有教养的世界相对立,而这两个条件都是以生产力的巨大增长和高度发展为前提的。另一方面,生产力的这种发展(随着这种发展,人们的**世界历史性的**而不是狭隘地域性的存在已经是经验的存在了)之所以是绝对必需的实际前提,还因为如果没有这种发展,那就只会发生**贫穷**的普遍化;而在**极端贫困**的情况下,就必须重新开始争取必需品的斗争,也就是说,全部陈腐污浊的东西又要死灰复燃。其次,生产力的这种发展之所以是绝对必需的实际前提,还因为:只有随着生产力的这种普遍发展,人们的**普遍**交往才能建立起来,这样,一方面,可以产生一切民族中同时都存在着群众"没有财产"的现象(普遍竞争),每一个民族都变得依赖于其他民族的变革;最后,受地域限制的个人为**世界历史性的**、经验上普遍的个人所代替。不这样:(1)共产主义就只能作为某种地域性的东西而存在;(2)交往的**力量**本身就不可能发展成为**普遍的**因而是不堪忍受的力量:它们会依然处于地方的、笼罩着迷信气氛的"状况";(3)交往的任何扩大都会消灭地域性的共产主义。共产主义只有作为占统治地位的各民族"一下子"同时发生的行动,在经验上才是可能的[12],而这是以生产力的普遍发展和与此相联系的世界交往的普遍发展为前提的。①

————————

① 在这段文本开始于手稿下一页的继续部分上面有马克思的标注:**"共产主义。"**——编者注

[第 19 页]此外,许许多多人**仅仅**依靠自己的劳动为生,这是大量与资本隔绝甚至连有限地满足自己需要的可能性都被剥夺了的劳动力,因而他们不仅是暂时失去作为有保障的生活来源的工作本身,而且陷于绝境,由于竞争的关系,这些人的存在是以**世界市场**的存在为前提的。因此,无产阶级只有**在世界历史意义**上才能存在,就像它的事业共产主义只有作为"世界历史性的"存在才有可能实现一样。而各个人的世界历史性的存在,也就是与世界历史直接相联系的各个人的存在。

[第 18 页]共产主义对我们来说不是应当被确立的**状况**,不是现实应当与之相适应的**理想**。我们所称为共产主义的是那种消灭现时状况的**实际**的运动。这个运动的条件是由现有的前提产生的。①

* * *

[第 19 页]在过去一切历史阶段上受生产力制约同时又制约生产力的交往形式,就是**市民社会**。从前面已经可以得知,这个社会是以简单的家庭和复杂的家庭,即所谓部落制度作为自己的前提和基础的;关于市民社会的比较详尽的定义已经包括在前面的叙述中了。从这里已经可以看出,这个市民社会是全部历史的真正发源地和舞台,可以看出过去那种轻视现实关系而局限于考察言过其实的历史事件的历史观是何等荒谬。

到现在为止,我们主要只是考察了人类活动的一个方面——人**改造自然**。另一方面,是**人改造人**……②

国家的起源和国家同市民社会的关系。③

6. 唯物主义历史观的结论:历史过程的继承性、历史转变为世界性历史、共产主义革命的必然性

[第 20 页]历史不外是各个世代的依次交替。每一代都利用以前

① 手稿中的这一段是马克思写在本节第一段之上的。——编者注
② 马克思的边注:"交往和生产力。"——编者注
③ 手稿中本页的下端未满,然后从新的一页开始阐述唯物主义历史观的结论。——编者注

47

各代流传下来的材料、资金和生产力；由于这个缘故，每一代一方面在完全改变了的环境下继续从事所继承的活动，另一方面又通过完全改变了的活动来变更旧的环境。然而，事情被思辨地扭曲成这样：好像后来的历史是先前的历史的目的，例如，好像发现美洲的根本目的就是要促使法国大革命的爆发。于是历史便具有了自己特殊的目的并成为某个与"其他人物并列的人物"（像"自我意识"①、"批判"②、"唯一者"③等）。其实，先前的历史的"使命"、"目的"、"萌芽"、"观念"等词所表示的东西，正是从后来的历史中得出的抽象，正是从先前的历史对后来的历史发生的积极影响中得出的抽象。

48

　　各个相互影响的活动范围在这个发展进程中越是扩大，各民族的原始封闭状态由于完善的生产方式、发展了的交往以及因此而自然形成的不同民族之间的劳动分工消灭得越是彻底，历史也就越是成为世界历史。例如，如果在英国发明了一种机器，它夺走了印度和中国的无数工人的饭碗，并引起这些国家的整个生存形式的改变，那么，这个发明便成为一个世界历史性的事实；砂糖和咖啡也是这样表明了自己在19世纪具有的世界历史意义：拿破仑的大陆体系所引起的这两种产品的匮乏推动了德国人[第21页]起来反抗拿破仑，从而就成为光荣的1813年解放战争的现实基础。由此可见，历史向世界历史的转变，不是"自我意识"、宇宙精神或者某个形而上学怪影的某种纯粹的抽象行为，而是完全物质的、可以通过经验确定的事实，每一个过着实际生活的，需要吃、喝、穿的个人都可以证明这一事实。

　　单独的个人随着自己的活动扩大为世界历史性的活动，越来越受到对他们来说是异己的力量的支配（他们把这种压迫想象为所谓宇宙精神等的圈套），受到日益扩大的、归根结底表现为**世界市场**的力量的支配，这种情况在先前的历史中无疑也是经验事实。但是，另一种情况

---

①　俄文版中该词的首字母是大写。——中文编译者注
②　俄文版中该词的首字母是大写。——中文编译者注
③　俄文版中该词的首字母是大写。——中文编译者注

49　也具有同样的经验根据，这就是：随着现存社会制度被共产主义革命所推翻（下面要谈到这一点）以及与这一革命具有同等意义的私有制的消灭，这种对德国理论家们来说是如此神秘的力量也将被消灭；同时，每一个单独的个人的解放程度是与历史完全转变为世界历史的程度一致的。① 至于个人的真正的精神财富完全取决于他的现实关系的财富，根据上面的叙述，这已经很清楚了。只有这样，单独的个人才能摆脱种种民族局限和地域局限而同整个世界的生产（也同精神的生产）发生实际联系，才能获得利用全球的这种全面的生产（人们所创造的一切）的能力。各个人的**全面的**依存关系，他们的这种自然形成的**世界历史性的**共同活动的形式，由于［第22页］这种共产主义革命而转化为对下述力量的控制和自觉的驾驭，这些力量是由人们的相互作用产生的，但是迄今为止对他们来说都作为完全异己的力量威慑和驾驭着他们。这种观点仍然可以被思辨地、唯心地即幻想地解释为"类的自我产生"（"作为主体的社会"），把所有前后相继、彼此相连的个人想象为从事自我产生这种神秘活动的唯一的个人。这里很明显，尽管人们在肉体上和精神上**互相**创造着，但是他们既不像圣布鲁诺胡说的那样，也不像"唯一者"②、"被创造的"人那样创造自己本身。

　　最后，我们从上面所阐述的历史观中还可以得出以下的结论：(1)生产力在其发展的过程中达到这样的阶段，在这个阶段上产生的生产力和交往手段在现存关系下只能造成灾难，这种生产力已经不是生产的力量，而是破坏的力量（机器和货币）。与此同时还产生了一个

50　阶级，它必须承担社会的一切重负，而不能享受社会的福利，它被排斥于社会之外，［第23页］因而不得不同其他一切阶级发生最激烈的对立；这个阶级构成全体社会成员中的大多数，从这个阶级中产生出必须实行彻底革命的意识，即共产主义的意识，这种意识当然也可以在其他

---

　　① 马克思的边注："**关于意识的生产。**"——编者注
　　② 俄文版中该词的首字母是大写。——中文编译者注

阶级中形成,只要它们认识到这个阶级的状况;(2) 那些使一定的生产力能够得到利用的条件,是社会的一定阶级实行统治的条件,这个阶级由其财产状况产生的社会权力,每一次都在相应的国家形式中获得**实践的**和观念的表现,因此一切革命斗争都是针对在此以前实行统治的阶级的①;(3) 过去的一切革命始终没有触动活动的性质,始终不过是按另外的方式分配这种活动,不过是在另一些人中间重新分配劳动,而共产主义革命则针对活动迄今具有的**性质**,消灭**劳动**②,并消灭任何阶级的统治以及这些阶级本身,因为完成这个革命的是这样一个阶级,它在社会上已经不算是一个阶级,它已经不被承认是一个阶级,它已经成为现今社会的一切阶级、民族等的解体的表现;(4) 无论为了使这种共产主义意识普遍地产生还是为了实现事业本身,都必须使人们普遍地发生变化,这种变化只有在实际运动中,在**革命**中才有可能实现。因此,革命之所以必须,不仅是因为没有任何其他的办法能够推翻**统治**阶级,而且还因为**推翻**统治阶级的那个阶级,只有在革命中才能抛掉自己身上的一切陈旧的肮脏东西并能建立社会的新基础。③

----

①　马克思的边注:“这些人关心的是维持现在的生产状况。”——编者注

②　接下去在手稿中删除了:“这种活动形式,在其统治……”。——编者注

③　接下去在手稿中删除了:“至于谈到革命的这种必然性,所有的共产主义者,不论是法国的、英国的或是德国的,早就一致同意了,而圣布鲁诺却继续心安理得地幻想,认为‘实在的人道主义’即共产主义所以取代‘唯灵论的地位’(唯灵论根本没有任何地位)只是为了赢得崇敬。他继续幻想:那时候‘灵魂将得救,人间将成为天国,天国将成为人间。’(神学家总是念念不忘天国)‘那时候欢乐和幸福将要永世高奏天国的和谐曲’(第 140 页)[8]。当末日审判——这一切都要在这一天发生,燃烧着的城市火光在天空的映照将是这一天的朝霞——突然来临的时候,当不可避免的炮声伴着《马赛曲》和《卡马尼奥拉曲》的旋律在这些‘天国的和谐曲’当中传来,而断头台发出有节奏的撞击声的时候;当卑贱的‘群众’高唱着‘就这么办,就这么办’并把‘自我意识’吊在路灯柱上的时候[13],我们这位神圣的教父将会大吃一惊。圣布鲁诺最没有根据为自己描绘一幅‘永世欢乐和幸福’的安慰图画。‘费尔巴哈的爱的宗教的追随者’在谈到与‘天国的和谐曲’截然不同的革命时,好像关于这种欢乐和幸福有其独特的想法。我们没有兴致臆断地构想圣布鲁诺在末日审判这一天的行为。至于是否应当把进行革命的无产者理解为想要推翻批判的‘实体’或‘群众’,或是还没有足够的浓度来消化鲍威尔思想的精神‘流射体’,这个问题也难以解决。”——编者注

7. 唯物主义历史观的要点

[第 24 页]由此可见,这种历史观就在于:正是从直接生活的物质生产出发阐述现实的生产过程,把同这种生产方式相联系的、它所产生的交往形式,即对各个不同阶段市民社会理解为整个历史的基础,而后必须在国家生活的范围内描述市民社会,同时从市民社会出发阐明意识的所有各种不同理论的产物和形式,如宗教、哲学、道德等,在此基础上追溯它们产生的过程。这样当然能够整体描述全部过程(因而也能够描述其不同方面之间的相互作用)。这种历史观和唯心主义历史观不同,它不是在每个时代中寻找某种范畴,而是始终站在现实历史的**基础**上,解释的不是从观念得来的实践,而是从物质实践得来的观念,由此还可得出下述结论:意识的一切形式和产物不是可以通过精神的批判来消灭的,不是可以通过把它们消融在"自我意识"中或化为"幽灵"、"怪影"、"怪想"[14] 等来消灭的,而只有通过实际地推翻这一切唯心主义谬论所产生的现实的社会关系,才能把它们消灭;历史的动力以及宗教、哲学和其他理论的动力不是批判,而是革命。这种观点表明:历史不是作为"产生于精神的精神"①消融在"自我意识"中,但是历史的每一阶段都遇到一定的物质结果,一定的生产力总和,人对自然以及个人之间历史形成的关系,都遇到前代传给每个后一代的大量生产力、资金和环境,尽管一方面这些生产力、资金和环境为新的一代所改变,但另一方面,它们也预先规定了新的一代本身的生活条件,使它得到一定的发展和具有特殊的性质。由此可见,这种观点表明:人创造环境,同样,环境[第 25 页]也创造人。

每个个人和每一代所遇到的现成的东西:生产力、资金和社会交往形式的总和,是哲学家们想象为"实体"和"人的本质"的东西的现实基础,是他们神化了的并与之斗争的东西的现实基础,这种基础尽管遭到

---

① 布·鲍威尔的用语。——编者注

以"自我意识"和"唯一者们"①的身份出现的哲学家们的反抗，但它对人们的发展所起的作用和影响却丝毫也不因此而受到干扰。各代所遇到的这些生活条件还决定着这样的情况：历史上周期性重演的革命震荡是否强大到足以摧毁现存一切的基础。如果还没有具备这些实行全面变革的物质因素，就是说，一方面还没有一定的生产力，另一方面还没有形成不仅反抗旧社会的个别条件，而且反抗旧的"生活生产"本身、反抗旧社会所依据的"总和活动"的革命群众，如果还没有这些物质因素，那么，正如共产主义的历史所证明的，尽管这种变革的**观念**已经表述过千百次，但这对于实际发展没有任何意义。

8. 全部旧唯心主义历史观的破产，特别是德国黑格尔以后的哲学的破产

53

　　过去的一切历史观不是完全忽视了历史的这一现实基础，就是把它仅仅看成与历史过程没有任何联系的附带因素。按照这种态度，历史总是遵照在它之外的某种尺度来编写的。现实的生活生产被看成是某种史前的东西，而历史的东西则被看成是某种脱离日常生活的东西，某种处于世界之外和超乎世界之上的东西。这样，就把人对自然界的关系从历史中排除出去了，因而造成了自然界和历史之间的对立。因此，这种历史观只能在历史上看到政治行为，看到宗教的、一般理论的斗争，而且在每次描述某一历史时代的时候，它都不得不**赞同这一时代的幻想**。例如，如果某一时代想象自己是由纯粹"政治的"或"宗教的"动因所决定的——尽管"宗教"和"政治"只是时代的现实动因的形式，那么它的历史编纂学家就会接受这个意见。这些特定的人关于自己的真正实践的"想象"、"观念"变成一种支配和决定这些人的实践的唯一起决定作用的和积极的力量。如果印度人和埃及人借以实现劳动分工的原始形式在这些民族国家和宗教中产生了等级制度，那么历史学家

---

　　①　俄文版中该词的首字母是大写。——中文编译者注

便认为似乎等级制度[第26页]是产生这种原始社会形式的力量。

法国人和英国人至少抱着一种毕竟是同现实最接近的政治幻想,而德国人却在"纯粹精神"的领域中兜圈子,把宗教幻想推崇为历史的动力。黑格尔的历史哲学是整个这种德国历史编纂学的最终的、达到自己"最纯粹的表现"的成果。在德国历史编纂学看来,问题完全不在于现实的利益,甚至不在于政治的利益,而在于纯粹的思想。这种历史哲学后来在圣布鲁诺看来也一定是一连串的"思想",其中一个吞噬一个,最终消失于"自我意识"中。① 圣麦克斯·施蒂纳更加彻底,他对现实的历史一窍不通,他认为历史进程只不过是"骑士"、强盗和怪影的历史,他当然只有借助于"不信神"才能摆脱这种历史的幻觉而得救。这种观点实际上是宗教的观点:它把宗教的人假设为全部历史起点的原人,它在自己的想象中用宗教的幻想生产代替生活资料和生活本身的现实生产。

整个这样的历史观及其解体和由此产生的怀疑和顾虑,仅仅是德国人**本民族**的事情,而且对德国来说也只有**地方性**的意义。例如,近来不断讨论着如何能够"从神的王国进入人的王国"这样一个重要问题:似乎这个"神的王国"除了存在于想象之中,还在其他什么地方存在过,而学识渊博的先生们不是一直生活在(他们自己并不知道)他们目前正在寻找去路的"人的王国"之中,似乎旨在说明这些理论上的空中楼阁的奇妙性的科学娱乐——因为这不过是一种娱乐——恰恰不在于证明这些空中楼阁是从现实的尘世关系中产生的。通常这些德国人总是只关心把既有的一切无意义的论调变为[第27页]某种别的胡说八道,就是说,他们假定,所有这些无意义的论调都具有某种需要揭示的特殊**意义**,其实全部问题只在于从现存的现实关系出发来说明这些理论词句。如前所说,要真正地、实际地消灭这些词句,要从人们意识中消除这些观念,就要靠环境的改变而不是靠理论上的演绎来实现。对于人民大众即无

---

① 马克思的边注:"所谓**客观的**历史编纂学正是脱离活动来考察历史关系。反动的性质。"——编者注

产阶级来说,这些理论观念并不存在,他们因而也不用去消灭它们。如果这些群众曾经有过某些理论观念,如宗教,那么现在这些观念也早已被环境消灭了。

　　上述问题及其解决方法所具有的纯粹的民族性质还表现在:这些理论家们郑重其事地认为,像"神人"、"大写的人"等种种臆造支配着各个历史时代;圣布鲁诺甚至断言:只有"批判和批判者创造了历史"[15]。而当这些理论家亲自构建历史时,他们会极其匆忙地越过先前的一切,一下子从"蒙古人时代"[16]转到真正"内容丰富的"历史,即《哈雷年鉴》和《德国年鉴》[17]的历史,转到黑格尔学派退化为普遍争执的历史。所有其他民族和所有现实事件都被遗忘了,theatrum mundi① 局限于莱比锡的书市,局限于"批判"②、"大写的人"和"唯一者"③的争吵。如果我们的理论家们一旦着手探讨真正的历史主题,例如 18 世纪,那么他们也只是提供观念的历史,这种历史是和构成这些观念的事实基础与实际发展过程脱离的,而他们阐述这种历史的目的也只是把所考察的时代描绘成一个真正历史时代,即 1840—1844 年德国哲学斗争时代的不完善的预备阶段、尚有局限性的前奏时期。他们抱的目的是为了使某个非历史性人物及其幻想流芳百世而编写过去的历史,与这一目的相适应的是:他们根本不提真正历史的事件,甚至不提政治对历史进程的真正历史干预,他们的叙述不是以研究而是以虚构和文学编造为根据,如像圣布鲁诺在他那本现已被遗忘的 18 世纪历史一书中所做的那样。[18]这些唱高调、爱吹嘘的思想贩子以为他们无限地超越于任何民族偏见之上,其实他们比梦想德国统一的啤酒店庸人带有更多的民族局限性。他们根本不承认其他民族的业绩是历史的;他们生活在德国,依靠德国[第 28 页]和为着德国而生活;他们把莱茵河颂歌[19]变为圣歌并征服阿尔萨斯和洛林,其办法不是剽窃法兰西国家,而是剽窃法兰

56

---

　　① 　世界舞台。——编者注
　　② 　俄文版中该词及"唯一者"一词的首字母是大写。——中文编译者注
　　③ 　即布·鲍威尔、路·费尔巴哈和麦·施蒂纳。——编者注

西哲学,不是把法兰西省份德国化,而是把法兰西思想德国化。同打着理论的世界统治的旗帜而宣布德国的世界统治的圣布鲁诺和圣麦克斯相比较,费奈迭先生是一个世界主义者。

9. 对费尔巴哈及其唯心主义历史观的再批判

从这些分析中还可以看出,费尔巴哈是多么错误,他(《维干德季刊》,1845 年,第 2 卷)竟借助于"社会人"的定义宣称自己是共产主义者[20],把这一定义变成"大写的人"的宾词,以为这样一来又可以把表达现存世界中特定革命政党的拥护者的"共产主义者"一词变成一个纯范畴。费尔巴哈关于人与人之间的关系的全部推论无非是要证明:人们是互相需要的,而且**过去一直是**互相需要的。他希望加强对这一事实的理解,也就是说,和其他的理论家一样,只是希望达到对**现存**事实的正确理解,然而一个真正的共产主义者的任务却在于推翻这种存在的东西。不过,我们完全承认,费尔巴哈在力图理解**这一**事实的时候,达到了理论家一般所能达到的地步,他还是一位理论家和哲学家。然而值得注意的是:圣布鲁诺和圣麦克斯立即用费尔巴哈关于共产主义者的观念来代替真正的共产主义者,这样做的目的多少是为了使他们能够像同"产生于精神的精神"、同哲学范畴、同势均力敌的对手作斗争那样来同共产主义作斗争,而就圣布鲁诺来说,这样做也还是为了实际的利益。

我们举出《未来哲学》中的一个地方作为例子说明既承认存在的东西,同时又不了解现存的东西——这也还是费尔巴哈和我们的对手的共同之点。费尔巴哈在那里证明:某物或某人的存在同时也就是某物或某人的本质[21],一个动物或一个人的一定生存条件、生活方式和活动,就是使这个动物或这个人的"本质"感到满意的东西。任何例外在这里都被肯定地看做是不幸事件,是不能改变的反常现象。这样说来,如果[第29 页]千百万无产者根本不满意他们的生活条件,如果他们的"存在"①

---

① 接下去直至本节结束的文本是首次用俄文发表。——编者注

同他们的"本质"完全不符合,那么,根据上述论点,这是不可避免的不幸,应当平心静气地忍受它。可是,这千百万无产者或共产主义者所想的完全不一样,而且这一点他们将在适当时候,在实践中,即通过革命使自己的"存在"同自己的"本质"步调一致的时候予以证明。在这样的场合费尔巴哈从来不谈人的世界,而是每次都求救于外部自然界,而且是**那个**尚未置于人的统治之下的自然界。但是,每当有了一项新的发明,每当工业前进一步,就有一块新的地盘从这个领域划出去,而能用来说明费尔巴哈这类论点的事例借以产生的基地,也就越来越小了。我们只谈一个论点:鱼的"本质"是它的"存在",即水。河鱼的"本质"是河水。但是,一旦这条河归工业支配,一旦它被染料和其他废料污染,河里有轮船行驶,一旦河水被引入只要简单地把水排出去就能使鱼失去生存环境的水渠,这水就不再是鱼的"本质"了,它已经是不适合鱼生存的环境了。把所有这类矛盾宣布为不可避免的反常现象,实质上,同圣麦克斯·施蒂纳对不满者的安抚之词没有区别,施蒂纳说,这种矛盾是他们自己的矛盾,这种恶劣环境是他们自己的恶劣环境,而且他们可以或者安于这种环境,或者忍住自己的不满,或者以幻想的方式去反抗这种环境。同样,这同圣布鲁诺的责难也没有区别,布鲁诺说,这些不幸情况的发生是由于那些当事人陷入"实体"这堆粪便之中,他们没有达到"绝对自我意识",也没有认清这些恶劣关系产生于自己精神的精神。

58

第三部分

59

1. 统治阶级和统治思想。黑格尔关于历史上精神统治的观念是怎样建立的

[第 30 页]统治阶级的思想在每一时代都是占统治地位的思想。

这就是说，一个阶级是社会上占统治地位的**物质**力量，同时也是社会上占统治地位的**精神**力量。支配着物质生产资料的阶级，同时也支配着精神生产资料，因此，那些没有精神生产资料的人的思想，一般是隶属于统治阶级的。占统治地位的思想不过是占统治地位的物质关系在观念上的表现，不过是以思想的形式表现出来的占统治地位的物质关系。因而，这就是那些使某一个阶级成为统治阶级的关系在观念上的表现，所以这也就是这个阶级的统治的思想。此外，构成统治阶级的各个人也都具有意识，因而他们也在思维；既然他们正是作为一个阶级进行统治，并且决定着某一历史时代的整个面貌，那么不言而喻，他们在这个历史时代的一切领域中也会这样做，就是说，他们也作为思维着的人，作为思想的生产者进行统治，他们调节着自己时代的思想的生产和分配；而这就意味着他们的思想是一个时代的占统治地位的思想。例如，在某一国家的某个时期，王权、贵族和资产阶级争夺统治，因而，在那里统治是分享的，那里占统治地位的思想就会是关于分权的学说，于是分权就被宣布为"永恒的规律"。

　　我们在上面[第15—18页]①已经说明劳动分工是先前历史的主要力量之一，现在，劳动分工也以精神劳动和[第31页]物质劳动分工的形式在统治阶级中间表现出来，因此在这个阶级内部，一部分人是作为该阶级的思想家出现的（他们是这一阶级的积极的、有概括能力的思想家，他们把编造这一阶级关于自身的幻想当做主要的谋生之道），而另一些人对于这些思想和幻想则采取比较消极的态度，并且准备接受这些思想和幻想，因为在实际中该阶级的这些代表是其积极成员，他们很少有时间为自己编造关于自身的幻想和思想。在这一阶级内部，这种分裂甚至可以发展成为这两部分人之间的某种程度的对立和敌视，但是一旦发生任何实际冲突，当阶级本身受到威胁的时候，当占统治地位的思想好像不是统治阶级的思想的假象、他们拥有的权力和该阶级

---

　　① 参见本版第40－45页。——编者注

的权力不同的假象也趋于消失的时候,这种对立和敌视便会自行消失。一定时代的革命思想的存在是以革命阶级的存在为前提的,关于这个革命阶级的前提所必须讲的,在前面[第 18—19,22—23 页]已经讲过了。①

　　然而,在考察历史进程时,如果把统治阶级的思想和统治阶级本身分割开来,使这些思想独立化,如果不顾生产这些思想的条件和它们的生产者而硬说该时代占统治地位的是这些或那些思想,也就是说,如果完全不考虑这些思想的基础——个人和历史环境,那就可以这样说:例如,在贵族统治时期占统治地位的概念是"荣誉"、"忠诚"等概念,而在资产阶级统治时期占统治地位的概念则是"自由"、"平等"等概念。总之,统治阶级自己为自己编造出诸如此类的幻想。所有历史学家——主要是 18 世纪以来的历史学家——所共有的这种历史观,必然会碰到[第 32 页]这样一种现象:占统治地位的将是越来越抽象的思想,即越来越具有普遍性形式的思想。因为每一个企图取代旧统治阶级的新阶级,为了达到自己的目的不得不把自己的利益说成是社会全体成员的共同利益,抽象地讲就是:赋予自己的思想以普遍性的形式,把它们描绘成唯一合乎理性的、有普遍意义的思想。进行革命的阶级,仅就它对抗另一个**阶级**这一点而言,从一开始就不是作为一个阶级,而是作为全社会的代表出现的;它俨然以社会全体群众的姿态反对唯一的统治阶级。② 它之所以能这样做,是因为它的利益在开始时的确同其余一切非统治阶级的共同利益还有更多的联系,在当时存在的那些关系的压力下还来不及发展为特殊阶级的特殊利益。因此,这一阶级的胜利对于其他未能争得统治的阶级中的许多个人来说也是有利的,但这只是就这种胜利使这些个人现在有可能升入统治阶级的行列而言。当法国

61

---

　　①　参见本版第 45-46,49-50 页。——编者注
　　②　马克思的边注:"普遍性符合于:(1)与等级 contra[相对]的阶级;(2)竞争、世界交往等;(3)统治阶级的人数众多;(4)**共同利益**的幻想,起初这种幻想是真实的;(5)思想家的自我欺骗和劳动分工。"——编者注

资产阶级推翻了贵族的统治之后,在许多无产者面前由此出现了升入无产阶级之上的可能性,但是只有当他们变成资产者的时候才达到这一点。由此可见,每一个新阶级赖以建立自己统治的基础,比它以前的统治阶级所依赖的基础要宽广一些;可是后来,非统治阶级和正在进行统治的阶级之间的对立也发展得更尖锐和更深刻。这两种情况使得非统治阶级反对新统治阶级的斗争在否定旧社会制度方面,[第33页]又比过去一切争得统治的阶级所作的斗争更加坚决、更加彻底。

只要阶级的统治完全不再是社会制度的形式,也就是说,只要不再有必要把特殊利益说成是普遍利益,或者把"普遍的东西"说成是占统治地位的东西,那么,一定阶级的统治似乎只是某种思想的统治,这整个假象当然就会自行消失的。

把占统治地位的思想同进行统治的个人分割开来,主要是同生产方式的一定阶段所产生的各种关系分割开来,并由此作出结论说,历史上始终是思想占统治地位,这样一来,就很容易从这些不同的思想中抽象出"一般思想"、观念等,并把它们当做历史上占统治地位的东西,从而把所有这些个别的思想和概念说成是历史上发展着的概念①的"自我规定"。在这种情况下,人们的一切关系都能从人的概念、想象中的人、人的本质、"大写的人"中引申出来就十分自然了。思辨哲学就是这样做的。黑格尔本人在《历史哲学》的结尾承认,他"所考察的仅仅只是**概念**的前进运动",他在历史方面描述了"真正的**神正论**"(第446页)。在这之后又可以重新回复到"概念"的生产者,回复到理论家、思想家和哲学家,并作出结论:哲学家、思想家本身自古以来就是在历史上占统治地位的。这个结论,如我们所看到的,早就由黑格尔表述过了。[22]

这样,证明精神在历史上的最高统治(施蒂纳的教阶制)的全部戏法,可以归结为以下三个手段:

[第34页]第一,必须把进行统治的个人——而且是由于种种经验

---

①   俄文版中该词的首字母是大写。——中文编译者注

的原因、在经验的条件下和作为物质的个人进行统治的个人——的思想同这些进行统治的个人本身分割开来,从而承认思想或幻想在历史上的统治。

　　第二,必须使这种思想统治具有某种秩序,必须证明,在一个承继着另一个而出现的占统治地位的思想之间存在着某种神秘的联系。要做到这一点就得把这些思想看做是"概念的自我规定"(所以能这样做,是因为这些思想凭借自己的经验的基础,彼此确实是联系在一起的,还因为它们被**仅仅**当做思想来看待,因而就变成自我区别,变成由思维产生的区别)。

　　第三,为了消除这种"自我规定着的概念"的神秘外观,便把它变成某种人物——"自我意识"①;或者,为了表明自己是真正的唯物主义者,又把它变成在历史上代表着"概念"的许多人物——"思维着的人"、"哲学家"、思想家,而这些人又被确定为历史的创造者、"监护人委员会"、统治者。② 这样一来,就把一切唯物主义的因素从历史上消除了,现在就可以任凭自己的思辨之马自由奔驰了。

　　要说明这种曾经在德国占统治地位的历史方法,以及说明它为什么主要在德国占统治地位的原因,就必须从它与一切思想家的幻想,例如,法学家、政治家(包括实际的国务活动家)的幻想,联系出发,必须从这些家伙的独断的玄想和曲解出发。而从他们的实际生活状况、他们的职业和分工出发,是很容易说明这些幻想、玄想和曲解的。

　　[第35页]同时,在日常生活中任何一个 shopkeeper③ 都能精明地判别某人的假貌和真相,然而我们的历史编纂学却还没有获得这种平凡的认识,不论每一时代关于自己说了些什么和想象了些什么,它都一概相信。

---

① 俄文版中该词的首字母是大写。——中文编译者注
② 马克思的边注:"人本身＝思维着的人的精神。"——编者注
③ 小店主。——编者注

64

第四部分

1. 生产工具与所有制形式

……①[第 40 页]从前者产生了发达分工和广泛贸易的前提,从后者产生了地域局限性。在前一种情况下,各个人必须聚集在一起,在后一种情况下,他们本身已作为生产工具而与现有的生产工具并列在一起。

因此,这里出现了自然产生的生产工具和由文明创造的生产工具之间的差异。耕地(水等)可以看做是自然产生的生产工具。在前一种情况下,即在自然产生的生产工具的情况下,各个人受自然界的支配;在后一种情况下,他们受劳动产品的支配。因此,在前一种情况下,财产(地产)也表现为直接的、自然产生的统治,而在后一种情况下,则表现为劳动的统治,特别是积累起来的劳动即资本的统治。前一种情况的前提是,各个人通过某种联系——家庭、部落或者甚至是土地本身,等等——结合在一起;后一种情况的前提是,各个人互不依赖,仅仅通过交换集合在一起。在前一种情况下,交换主要是人和自然之间的交换,即以人的劳动换取自然的产品;在后一种情况下,主要是人与人之间进行的交换。在前一种情况下,只要具备普通常识就够了,体力活动和脑力活动彼此还完全没有分开;而在后一种情况下,脑力劳动和体力劳动之间实际上应该已经实行分工。在前一种情况下,所有者对非所有者的统治可以依靠个人关系,依靠这种或那种形式的共同体(Gemeinwesen);在后一种情况下,这种统治必须采取物的形式,通过某种

---

① 这里缺四页手稿。——编者注

第三者,即通过货币。在前一种情况下,存在着小工业,但这种工业受 65
对自然产生的生产工具的使用所支配,因此这里没有不同的个人之间
的分工;在后一种情况下,工业只有在劳动分工的基础上和依靠劳动分
工才能存在。

　　[第41页]到现在为止我们都是以生产工具为出发点,这里已经表
明了在工业发展的一定阶段上必然会产生私有制。在 industrie ex-
tractive① 中私有制和劳动还是完全一致的;在小工业以及到目前为止
的整个农业中,所有制是现存生产工具的必然结果;在大工业中,生产
工具和私有制之间的矛盾才第一次作为大工业本身的产物表现出来,
这种矛盾只有在大工业高度发达的情况下才会产生。因此,只有随着
大工业的发展才有可能消灭私有制。

2. 物质劳动和精神劳动的分工。城市和乡村的分离。行会制度

　　物质劳动和精神劳动最大的一次分工,就是城市和乡村的分离。
城乡之间的对立是随着野蛮向文明的过渡、部落制度向国家的过渡、地
域局限性向民族的过渡而开始的,它贯穿着文明的全部历史直至现在
(反谷物法同盟)[23]。

　　随着城市的出现,必然要有行政机关、警察、赋税等,一句话,必然 66
要有公共的政治机构(des Gemeindewesens),也就必然要有整个政治。
在这里,居民第一次划分为两大阶级,这种划分直接以劳动分工和生产
工具为基础。城市已经是人口、生产工具、资本、享受和需求集中的地
方;而在乡村则是完全相反的情况:隔绝和分散。城乡之间的对立只有
在私有制的范围内才能存在。这种对立以最鲜明的方式反映出个人屈
从于劳动分工、屈从于他被迫从事的某种活动,这种屈从把一部分人变
为受局限的城市动物,把另一部分人变为受局限的乡村动物,并且每天
都重新产生两者利益之间的对立。在这里,劳动仍然是最主要的,是**凌**

---

　　① 采掘工业。——编者注

驾于个人之上的力量;只要这种力量还存在,私有制也就必然会存在下去。消灭城乡之间的对立,是共同体的首要条件之一[第42页],这个条件又取决于许多物质前提,而且一看就知道,这个条件单靠意志是不能实现的(这些条件还须详加探讨)。城市和乡村的分离还可以看做是资本和地产的分离,看做是资本不依赖于地产而存在和发展的开始,也就是仅仅以劳动和交换为基础的所有制的开始。

在中世纪,有一些城市不是从过去的历史中现成地继承下来的,而是由获得自由的农奴重新建立起来的。在这些城市里,每个人的唯一财产,除他随身带着的几乎全是由最必需的手工劳动工具构成的不多的资本之外,就只有他的特殊的劳动。不断流入城市的逃亡农奴的竞争;乡村反对城市的连绵不断的战争,以及由此产生的组织城市武装力量的必要性;共同占有某种手艺而形成的联系;在手工业者同时又是商人的时期,在公共场所出售自己的商品以及与此相连的禁止外人进入这些场所的必要性;各业手工业间利益的对立;保护辛苦学来的手艺的必要性;全国性的封建组织。所有这些都是各行各业的手艺人联合为行会的原因。这里我们不打算详细地谈论以后历史发展所引起的行会制度的多种变化。在整个中世纪,农奴不断地逃入城市。这些在乡村遭到自己主人迫害的农奴是只身流入城市的,他们在这里遇见了有组织的团体,对于这种团体他们是没有力量反对的,在它的范围内,他们只好屈从于由他们那些有组织的城市竞争者对他们劳动的需要以及由这些竞争者的利益所决定的处境。这些只身流入城市的劳动者根本不可能成为一种力量,因为,如果他们的劳动带有行会的性质并需要培训,那么行会师傅就会使他们从属于自己,并按照自己的利益来组织他们;如果这种劳动不需要培训,因而不带有行会的性质,而是带有日工的性质,那么劳动者就组织不起来,始终是无组织的平民。城市对日工的需要造成了平民。

这些城市是真正的"联盟"[24],这些"联盟"的产生是由于直接的[第43页]需要,由于对保护财产、增加各成员的生产资料和防卫手段的关心。这些城市里的平民是毫无力量的,因为他们都是只身流入城市的彼此素不相识的个人,他们无组织地同有组织、有武装配备并用忌妒的眼光监视着他们的力量相抗衡。每一行业中的帮工和学徒都以最适合于师傅的利益组织起来;他们和师傅之间的宗法关系使师傅具有双重力量:第一,师傅对帮工的全部生活有直接的影响;第二,帮工在同一师傅手下做工,这是一根真正的纽带,它使这些帮工联合起来反对其他师傅手下的帮工,并使他们与后者分隔开来;最后,帮工由于自己也想成为师傅而与现存制度结合在一起了。因此,平民至少有时还举行暴动来反对整个城市制度,不过由于他们软弱无力而没有任何结果,而帮工们只在个别行会内搞一些与行会制度本身的存在有关的小冲突。中世纪所有的大规模起义都是从乡村爆发的,但是由于农民的分散性以及由此而来的极端落后性,这些起义也毫无结果。

68

这些城市中的资本是自然形成的资本;它是由住房、手工劳动工具和自然形成的世代相袭的主顾组成的;由于交往不发达和流通不充分而没有实现的可能,只好父传子,子传孙。这种资本和现代资本不同,它不是以货币来计算的——用货币计算,资本体现为哪一种物品都一样,而是直接同占有者的特定的劳动联系在一起、同这种类型的劳动完全不可分割的,在这个意义上来说,它是**等级的**资本。

在城市的单个行会之间的[第 44 页]劳动分工还[非常少]①,而在行会内部,各劳动者之间则根本没有什么劳动分工。每个劳动者都必须熟悉全部工序,凡是用他的工具能够做的一切,他必须都会做;各城市之间的有限交往和少量联系、居民稀少和需求有限,都妨碍了劳动分工的进一步发展,因此,每一个想当师傅的人都必须全盘掌握本行手艺。正因为如此,中世纪的手工业者对于本行专业劳动和熟练技巧还是有兴趣的,这种兴趣可以达到某种有限的艺术感。然而也是由于这个原因,中世纪的每一个手工业者对自己的工作都是兢兢业业的,像奴

69

---

① 手稿受损。——编者注

隶般的忠心耿耿，因而他们对工作的屈从程度远远超过对自己的工作漠不关心的现代工人。

3. 进一步的劳动分工。商业同工业的分离。不同城市之间的分工。工场手工业

劳动分工的进一步扩大表现为交往和生产的分离，表现为商人这一特殊阶级的形成。这种分离在随历史保存下来的城市（顺便提一下，住有犹太人的城市）里被继承下来，并很快就在新兴的城市中出现了。这样就产生了同邻近地区以外的地区建立贸易联系的可能性，这种可能性之变为现实，取决于现有的交通工具的情况，取决于由政治关系所决定的沿途社会治安状况（众所周知，整个中世纪，商人都是结成武装商队行动的）以及取决于交往所及地区内相应的文化程度所决定的或多或少的需求。

随着交往集中在一个特殊阶级手里，随着商人所促成的同城市近郊以外地区的通商的扩大，在生产和交往之间也立即产生了相互作用。城市**彼此**建立了联系，新的劳动工具从一个城市运往另一个城市，生产和交往间的分工随即引起了各城市间在生产上的［第45页］新的分工，不久每个城市都开始有一个工业部门占优势。最初的地域局限性开始逐渐消失。

某一个地方创造出来的生产力，特别是发明，在往后的发展中是否会失传，完全取决于交往的扩展。当交往只限于毗邻地区的时候，每一种发明在每一个地方都必须单另进行；一些纯粹偶然的事件，例如蛮族的入侵，甚至是通常的战争，都足以使一个具有发达生产力和有高度需求的国家处于一切都必须从头开始的境地。在历史发展的最初阶段，每天都在重新发明，而且每个地方都是独立进行的。发达的生产力，即使在通商相当广泛的情况下，也难免遭到彻底的毁灭。关于这一点，腓

尼基人的例子①就可以说明。由于这个民族被排挤于商业之外,由于它被亚历山大征服以及继之而来的衰落,腓尼基人的大部分发明都长期失传了。另外一个例子是中世纪的玻璃绘画术的遭遇。只有当交往具有世界性质并且以大工业为基础的时候,只有当一切民族都卷入竞争斗争的时候,保持已创造出来的生产力才有了保障。

　　不同城市之间的劳动分工的直接结果就是工场手工业的产生,即超出行会制度范围的生产部门的产生。工场手工业的初次繁荣——先是在意大利,然后是在佛兰德——的历史前提,是同外国各民族的交往。在其他国家,例如在英国和法国,工场手工业最初只限于国内市场。除上述前提外,工场手工业的产生还以人口特别是乡村人口的不断集中和资本的不断积聚为前提。资本开始积聚到个人手里,一部分违反行会法规积聚到行会中,一部分积聚到商人手里。

　　[第46页]那种一开始就与机器——尽管还是具有最粗陋形式的机器——相联系的劳动,很快就显出它是最有发展能力的。过去农民为了得到自己必需的衣着而在乡村中附带从事的织布业,是由于交往的扩大才获得进一步发展的动力的第一种劳动。织布业是第一个工场手工业,而且一直是其中最主要的一个。随着人口增长而增长的对衣料的需求,由于流通加速而开始的自然形成的资本的积累和运用,以及由此产生的并由于交往逐渐扩大的刺激而日益增长的对奢侈品的需求,——所有这一切都推动了织布业在数量上和质量上的发展,使它脱离了旧有的生产形式。除了为自身需要而一直在继续从事纺织的农民外,在城市里产生了一个新的织工阶级,他们所生产的布匹用以供应整个国内市场,还有大部分也供给国外市场。

　　织布是一种多半不需要很高技艺并很快就分化成无数部门的劳动,由于自己全部的内在本性,它抵抗行会的束缚。因此,织布业多半在不受行会组织限制的乡村和小市镇上经营,这些地方逐渐变为城市,

71

---

　　① 马克思的边注:"以及中世纪初的玻璃生产。"——编者注

而且很快就成为每个国家最繁荣的城市。

随着摆脱了行会束缚的工场手工业的出现,所有制关系也立即发生了变化。越过自然形成的等级资本向前迈出的第一步,是受商人的出现所制约的,商人的资本一开始就是活动的,如果针对当时的情况来讲,可以说是现代意义上的资本。向前迈出的第二步是工场手工业的出现,工场手工业又调动了大量自然形成的资本,并且同自然形成的资本的数量比较起来,一般是增加了活动资本的数量。

同时,工场手工业还成了农民摆脱那些不雇用他们或付给他们极低报酬的行会的避难所,就像在过去行会城市是农民[第 47 页]摆脱[压迫他们的贵族]的避难所一样。①

72　　随着工场手工业的出现,同时也就开始了一个流浪时期,这个时期的形成是由于:取消了封建侍从,解散了由形形色色的地痞流氓拼凑起来的效忠帝王以镇压其诸侯的军队,改进了农业以及把大量耕地变为牧场。从这里已经可以清楚地看出,这种流浪是和封建制度的瓦解密切联系着的。早在 13 世纪就曾出现过个别类似的流浪时期,只是在 15 世纪末和 16 世纪初才成为普遍而持久的现象。这些流浪者人数非常多,单单英王亨利八世就下令绞死过 72 000 人,只有付出最大的力量,只有当他们穷得走投无路之后,才能迫使他们去工作,即使这样,也还得制止他们极其顽固的反抗。迅速繁荣起来的工场手工业,特别是在英国,渐渐地吸收了他们。

随着工场手工业的出现,各国之间开始了竞争,展开了商业斗争,这种斗争是通过战争、保护关税和各种禁令来进行的,而在过去,当各国人民彼此有了交往的时候,都是互相进行和平交易。从此以后商业便具有了政治意义。

随着工场手工业的出现,工人和雇主的关系也发生了变化。在行会中,帮工和师傅之间存在着宗法关系;而在工场手工业中,这种关系

---

① 手稿受损。——编者注

由工人和资本家之间的金钱关系代替了；在乡村和小城市中，这种关系仍然带有宗法色彩，而在大城市，真正的工场手工业城市里，这种色彩在早期就几乎已经没有留下什么痕迹了。

美洲和通往东印度的航线的发现扩大了交往，从而使工场手工业和整个生产的发展得以显著提升。从那里输入的新产品，特别是进入流通的大量金银（它们根本地改变了阶级之间的相互关系，并且沉重地打击了封建土地所有制和劳动者），冒险的远征，殖民地的开拓，首先是当时市场已经可能扩大为而且日益扩大为世界市场，——所有这一切产生了历史发展的一个新阶段［第48页］，关于这个阶段的一般特征在这里我们没有必要多谈。新发现的土地的殖民地化，又助长了各国之间的商业斗争，因而使这种斗争变得更加广泛和更加残酷了。

商业和工场手工业的扩大，加速了活动资本的积累，而在那些没有受到任何刺激去扩大生产的行会里，自然形成的资本却始终没有改变，甚至还减少了。商业和工场手工业产生了大资产阶级，而集中在行会里的是小资产阶级，现在它和过去不同，已经不在城市里占统治地位了，并且必须屈从于大商人和手工工场主的统治。① 由此可见，行会一跟工场手工业接触，就衰落下去了。

在我们所谈到的这个时代里，各国在彼此交往中建立起来的关系具有两种不同的形式。起初，由于流通的金银数量很少，这些金属是被禁止出口的；另一方面，工业，即由于必须给不断增长的城市人口提供就业机会而不可或缺的、大部分是从国外引进的工业，没有特权不行，当然，这种特权不仅可以用来对付国内的竞争，而且主要是用来对付国外的竞争。通过这些最初的禁令，地方的行会特权便扩展到全国。关税产生于封建主对其领地上的过往客商所征收的捐税，后者通过这种方式免遭抢劫。后来各城市也征收这种捐税，在现代国家出现之后，这种捐税便是国库进款的最方便的手段。

73

---

① 马克思的边注："小资产阶级、中间等级、大资产阶级。"——编者注

美洲的金银在欧洲市场上的出现,工业的逐步发展,贸易的迅速高涨以及由此引起的不受行会束缚的资产阶级的繁荣和货币的流通,——所有这一切都使上述各种措施具有另外的意义。国家日益需要更多的货币,为充实国库起见,它现在仍然禁止输出金银;资产者对此完全满意,因为这些刚刚投入市场的大量货币,成了他们进行投机买卖的主要对象;过去的特权成了政府收入的来源,并且可以用来卖钱;在关税法中出现了出口税,这种税只是阻碍了工业的发展[第49页],纯粹是以充实国库为目的的。

第二个时期开始于17世纪中叶,它几乎一直延续到18世纪末。商业和航运比那种起次要作用的工场手工业发展得更快;各殖民地开始成为巨大的消费者;各国经过长期的斗争,瓜分了已开辟出来的世界市场。这一时期是从航海法和殖民地垄断开始的。各国间的竞争尽可能通过关税率、禁令和各种条约来消除,但是归根结底竞争者们的斗争还是通过战争(特别是海战)来进行和解决的。最强大的海上强国英国在商业和工场手工业方面都占据优势。这里已经出现商业和工场手工业集中于一个国家的现象。

对工场手工业一直是采用种种保护的办法:在国内市场上实行保护关税,在殖民地市场上实行垄断,而在国外市场上则实行差别关税。本国生产的原料(英国的羊毛和亚麻,法国的丝)的加工受到鼓励,国内出产的原料(英国的羊毛)禁止输出,进口原料的输出仍受到歧视甚至压制(如棉花在英国)。海上贸易占统治地位,拥有最强大的殖民实力的国家,自然能保证自己的工场手工业在数量和质量上都得到最广泛的发展。工场手工业根本不能离开保护,因为只要其他国家发生最微小的变动都足以使它失去市场而遭到破产。只要在稍微有利的条件下,工场手工业就可以很容易地在某个国家建立起来,正因为这样,它也很容易被破坏。同时,它的经营方式,特别是18世纪在乡村里的经营方式,使它和广大的个人的生活条件结合在一起,以致没有一个国家敢于不顾工场手工业的生存而允许自由竞争。因此,工场手工业完全依赖于商业的扩大或收缩,因为它能够输出自己的产品,而它对商业的反作用相对来说是很微小的。这就决定了工场手工业的次要作用和18世纪商人的影响。[第50页]正是这些商人,特别是船主,最坚决地要求国家保护和垄断;诚然,手工工场主也要求保护并且得到了保护,但是从政治意义上来说,他们始终不如商人。商业城市,特别是沿海城市已达到了一定的文明程度,并具有了大资产阶级性质,而在工厂城市里仍然是小资产阶级的自发势力占统治。比照艾金等。[25] 18世纪是商业的世纪。平托关于这一点说得很明确:"贸易是我们这一世纪的嗜好。"他还说:"从某个时期开始,人们就只谈论经商、航海和船队了。"[26]

虽然资本的运动已大大加速了,但相对来说总还是缓慢的。世界市场分割成各个部分(其中每一部分都由一个国家来经营),各国之间竞争的消除,生产本身的不灵活以及刚经过最初发展阶段的不发达的货币制度——所有这一切都严重地妨碍了流通。这一切造成的结果就是当时一切商人和一切经商方式都具有斤斤计较的卑鄙的小商人习气。当时的商人同手工工场主,特别是同手工业者比较起来当然是大市民——资产者,但是如果同后一时期的商人和工业家比较起来,他们仍旧是小市民。比照亚·斯密。[27]

这一时期还有这样一些特征:禁止金银外运法令的废除,货币经营业、银行、国债和纸币的产生,股票投机和国家有价证券投机,各种物品的投机倒把等现象的出现。这个时期的特征是整个货币制度的发展。资本又有很大一部分丧失了它原来还带有的那种原始的自然性质。

76

4. 最广泛的劳动分工。大工业

在17世纪,商业和工场手工业不可阻挡地集中于一个国家——英国。这种集中逐渐地给这个国家创造了相对的世界市场,因而也造成了对这个国家的工场手工业产品的需求,这种需求是旧的工业生产力所不能满足的。这种超过了生产力的需求正是引起中世纪以来私有制发展的第三个时期的动力［第 51 页］，它产生了大工业——把自然力用于工业目的，采用机器生产以及实行最广泛的分工。这一新阶段的其他条件——国内的自由竞争、理论力学的创立（牛顿所完成的力学在 18 世纪的法国和英国都是最普及的科学）等——在英国都已具备了。（国内的自由竞争到处都得通过革命的手段争得——英国 1640 年和 1688 年的革命，法国 1789 年的革命。）

竞争很快就迫使每一个不愿丧失自己的历史作用的国家为保护自己的工场手工业而采取新的关税措施（旧的关税已无力抵制大工业了），并随即在保护关税的保护下开办大工业。尽管有这些保护措施，大工业仍使竞争普遍化了（竞争是实际的贸易自由；保护关税在竞争中只是治标的办法，是贸易自由**范围内**的防卫手段），大工业创造了交通工具和现代的世界市场，控制了商业，把所有的资本都变为工业资本，从而产生了快速的流通（发达的货币制度）、资本的集中。大工业通过普遍的竞争迫使所有个人的全部精力必须高度紧张。它尽可能地消灭意识形态、宗教、道德等，而在它无法做到这一点的地方，它就把它们变成赤裸裸的谎言。它首次开创了世界历史，因为它使每个文明国家以及这些国家中的每一个人的需要的满足都依赖于整个世界，因为它消灭了各国以往自然形成的孤立状态。它使自然科学从属于资本，并使劳动分工丧失了其自然形成性质的最后的痕迹。它把所有自然形成的性质一概消灭掉——只要在劳动的范围内有可能做到，并且把所有自然形成的关系变成货币的关系。它建立了现代的大型工业城市——它们的出现如雨后春笋——来代替以前自然形成的城市。凡是它渗入的地方，它就破坏手工业和工业的一切旧阶段。它使城市最终战胜了乡村。它的［特征］①是自动化体系。［它的发展］②产生了大量的生产力，对于这些生产力来说，私有制成了它们发展的桎梏，［第 52 页］正如行

---

① 手稿受损。——编者注
② 手稿受损。——编者注

会制度成为工场手工业的桎梏和小规模的乡村生产成为日益发展的手工业的桎梏一样。在私有制的统治下，这些生产力只获得了片面的发展，对大多数人来说成了破坏的力量，而许多这样的生产力在私有制下根本得不到利用。大工业到处造成了社会各阶级间大致相同的关系，从而消灭了各民族的特殊性。最后，当每一民族的资产阶级还保持着它的特殊的民族利益的时候，大工业却创造了这样一个阶级，这个阶级在所有的民族中都具有同样的利益，在它那里民族独特性已经消灭，这是一个真正同整个旧世界脱离而同时又与之对立的阶级。大工业不仅使工人对资本家的关系，而且使劳动本身都成为工人不堪忍受的东西。

　　当然，在一个国家里，大工业不是在一切地方都达到了同样的发展水平。但这并不能阻碍无产阶级的阶级运动：大工业产生的无产者阶层领导着这个运动并且引导着所有的群众，而没有卷入大工业的工人，被大工业置于比在大工业中做工的工人更糟的生活境遇。同样，大工业发达的国家也影响着 plus ou moins① 非工业的国家，因为非工业国家由于世界交往而被卷入普遍竞争的斗争中。

＊　＊　＊

　　这些不同的［生产］形式同时也是劳动组织的形式，从而也是所有制的形式。在每一个时期都发生现存的生产力相结合的现象，因为需求使这种结合成为必要的。

5. 作为社会革命基础的生产力与交往形式之间的矛盾

　　生产力和交往形式之间的这种矛盾——正如我们所见到的，它在以往的历史中曾多次发生过，然而并没有威胁交往形式的基础，——每一次都不免要爆发为革命，同时也采取各种附带形式，如冲突的总和、不同阶级之间的冲突、意识的矛盾、思想斗争、政治斗争等。根据狭隘的观点，可以从其中抽出一种附带形式，把它看做是这些革命的基础；

----

　　① 　或多或少。——编者注

78

79

因为引发这些革命的各个人本身根据他们的文化水平和历史发展的阶段对自己的活动本身产生了种种幻想，这样做就更容易了。

因此，按照我们的观点，一切历史冲突都根源于生产力和交往形式[第53页]之间的矛盾。此外，不一定非要等到这种矛盾在某一国家发展到极端尖锐的地步，才导致在这个国家发生冲突。由广泛的国际交往所引起的同工业比较发达的国家的竞争，就足以使工业比较不发达的国家产生类似的矛盾（例如，英国工业的竞争使德国潜在的无产阶级显露出来了）。

6. 个人的竞争和阶级的形成。个人和他们生活条件之间矛盾的发展。资产阶级社会中个人的虚假的集体和共产主义条件下个人的真实的联合。使社会活动条件服从联合起来的个人的控制

尽管竞争把各个人汇集在一起，它却使各个人——不仅使资产者，而且更使无产者——彼此孤立起来。因此，需要经过不少时间，这些个人才能联合起来，更不用说，为了这种联合——如果它不仅仅是地方性的联合，大工业应当首先创造出必要的手段，即大工业城市和廉价而便利的交通。因此，只有经过长期的斗争才能战胜同这些孤立的、生活在每天都重复产生着这种孤立状态的条件下的个人相对立的一切有组织的势力。要求相反的东西，就等于要求在这个特定的历史时代不要有竞争，或者说，就等于要求人们从头脑中抛掉他们由于被孤立而无法控制的那些关系。

住宅建筑。不言而喻，野蛮人的每一个家庭都有自己的洞穴和茅舍，正如游牧人的每一个家庭都有单独的帐篷一样。这种单个分开的家庭经济由于私有制的进一步发展而成为更加必需的了。在农业民族那里，共同的家庭经济也和共同的耕作一样是不可能的。城市的建造是一大进步。但是，在过去任何时代，消灭单个分开的经济——这是与消灭私有制分不开的——是不可能的，因为还没有具备这样做的物质条件。组织共同的家庭经济的前提是发展机器，利用自然力和许多其他的生产力，例如自来水、[第54页]煤气照明、蒸汽采暖等，以及消灭城乡之间的[对立]。没有这些条件，共同的经济本身是不会成为新生产力的，它将没有任何物质基础，将建立在纯粹的理论基础上，就是说，将是一种纯粹的怪想，只能导致寺院经济。——还可能有什么呢？——这就是城市里的集中和为了不同的特定目的而进行的公共房舍（监狱、兵营等）的兴建。不言而喻，消灭单个分开的经济是和消灭（aufhebung）家庭分不开的。

　　（在圣麦克斯那里常见的一个说法是：每个人通过国家才成为他这样的人，这实质上等于说，资产者只是资产者这个类的一个标本；这种说法的前提是：资产者这个**阶级**在构成该阶级的个人尚未存在之前就已经存在了。）①
81

　　在中世纪，每一城市中的市民为了保护自己的生活都不得不联合起来反对农村贵族；商业的扩大和交通道路的开辟，使一些城市了解到有另一些捍卫同样利益、反对同样敌人的城市。从各个城市的许多地方性居民团体中，非常缓慢地产生出市民**阶级**。各个市民的生活条件，由于同现存关系相对立并由于其所决定的劳动方式，成了对他们来说全都是共同的和不以每一个人为转移的条件。市民创造了这些条件，因为他们挣脱了封建的联系；同时他们又是由这些条件所创造的，因为他们是由自己同既存封建制度的对立所决定的。随着各城市间联系的产生，这些对他们来说都是共同条件发展为阶级的条件。同样的条件、同样的对立、同样的利益，一般说来，也应当在一切地方产生同样的风俗习惯。资产阶级本身只是逐渐地随同自己的生存条件一起发展起来的，由于劳动分工，它又重新分裂为各种不同的集团，最后，随着一切

_____

　　①　马克思的边注："在哲学家们看来阶级是**先存在**的。"——编者注

现有财产被变为工业资本或商业资本,它吞并了在它以前存在过的一切有财产的阶级[①](同时资产阶级把以前存在过的没有财产的阶级的大部分和原先有财产的阶级的一部分变为新的阶级——无产阶级)。

单个人所以组成阶级只是因为[第55页]他们必须为反对某一个另外的阶级进行共同的斗争;在其他方面,作为竞争者他们本身就是相互敌对的。另一方面,阶级对各个人来说又是独立的,因此,这些人发现自己的生活条件是预先确定的:阶级决定他们的生活状况,同时也决定他们的个人命运,使他们隶属于它。这同单个人隶属于劳动分工是同类的现象,这种现象只有通过消灭私有制和消灭劳动本身才能消除。[②] 至于个人隶属于阶级怎样同时发展为隶属于各种各样的观念,等等,我们已经不止一次地指出过了。

个人的这种发展是在历史上前后相继的等级和阶级的共同生存条件下产生的,也是在由此而强加于他们的普遍观念中产生的,如果用**哲学的观点**来考察这种发展,当然就很容易设想,这些个人当中类[③]或大写的人得到了发展,或者这些个人发展了大写的人;也就是说,可以设想侮辱历史的东西。此后就可以把各种等级和阶级看做是普遍表达方式的一些类别,看做是类[④]的一些亚种,看做是大写的人的一些发展阶段。

个人隶属于一定阶级这一现象,在那个除了反对统治阶级以外不需要维护任何特殊的阶级利益的阶级形成之前,是不可能被消灭的。

个人力量(关系)由于劳动分工而转化为物的力量这一现象,不能靠人们从头脑里抛开关于这一现象的一般观念的办法来消灭,而是只

---

① 马克思的边注:"它首先吞并并直接隶属于国家的那些劳动部门,接着又吞并了一切±[或多或少]思想等级。"——编者注

② 这里"消灭劳动"(Aufhebung der Arbeit)这一说法的含义参见本版第50,85,91-95页。——编者注

③ 俄文版中该词的首字母是大写。——中文编译者注

④ 俄文版中该词的首字母是大写。——中文编译者注

能靠个人重新驾驭这些物的力量并消灭劳动分工的办法来消灭。① 没有共同体，这是不可能实现的。只有在共同体中，个人才能获得［第56页］全面发展其才能的手段，也就是说，只有在共同体中才可能有个人自由。在过去的种种冒充的共同体中，如在国家等中，个人自由只是对那些在统治阶级范围内发展的个人来说是存在的，他们之所以有个人自由，只是因为他们是这一阶级的个人。从前各个人联合而成的虚假的共同体，总是作为某种独立的东西使自己与各个人对立；由于这种共同体是一个阶级反对另一个阶级的联合，因此对于被统治的阶级来说，它不仅是完全虚幻的共同体，而且是新的桎梏。在真正的共同体的条件下，各个人在自己的联合中并通过这种联合获得自由。

　　各个人的出发点总是他们自己，当然是处于既有的历史条件和关系范围之内的自己，而不是思想家们所理解的"纯粹的"个人。然而在历史发展的进程中，正是由于在劳动分工的条件下社会关系必然变成某种独立的东西，在每一个人的个人生活同他的屈从于某一劳动部门以及与之相关的各种条件的生活之间出现了差别（这不应当理解为，似乎像食利者和资本家等已不再是有个性的个人了，而应当理解为，他们的个性是由非常具体的阶级关系决定和规定的，上述差别只是在他们与另一阶级的对立中才出现，而对他们本身来说，上述差别只是在他们破产之后才产生）。在等级中（尤其是在部落中）这种现象还是隐蔽的：例如，贵族总是贵族，平民（roturier）总是平民，不管他们生活的其他条件如何；这是一种与他们的个性不可分割的品质。有个性的个人与阶级的个人的差别，个人生活条件的偶然性，只是随着那本身是资产阶级产物的阶级的出现才出现。只有个人相互之间的竞争和斗争才产生和发展了［第57页］这种偶然性本身。因此，个人在资产阶级的统治下被设想得要比先前更自由，因为他们的生活条件对他们来说是偶然的；事

---

　　① 恩格斯的边注："费尔巴哈：存在和本质。"比照本版第57-58页。——编者注

83

84

实上,他们当然更不自由,因为他们更加屈从于物的力量。等级的差别特别显著地表现在资产阶级与无产阶级的对立中。当市民等级、同业公会等起来反对领地贵族的时候,它们的生存条件,即在它们与封建体系割断联系以前就潜在地存在着的动产和手艺,表现为一种与封建土地所有制相对立的积极的东西,因此起先也具有一种特殊的封建形式。当然,逃亡农奴认为他们先前的农奴地位对他们的个性来说是某种偶然的东西。但是,在这方面他们所做的跟每一个挣脱了枷锁的阶级所做的一样,此外,他们不是作为一个阶级解放出来的,而是单个地解放出来的。其次,他们并没有越出等级制度的范围,而只是形成了一个新的等级,在新的处境中也还保存了他们过去的劳动方式,并且使它摆脱已经和他们所达到的发展阶段不相适应的桎梏,使它进一步发展。

相反的,对于无产者来说,他们自身的生活条件、劳动,以及当代社会的全部生存条件都已变成一种偶然的东西,单个无产者是无法加以控制的,而且也没有任何**社会**组织能够使他们加以控制。单个无产者的个性和强加于他的生活条件即劳动之间的矛盾,现在无产者自己已经意识到了,特别是因为他从早年起就成了牺牲品,因为他在本阶级的范围内没有机会获得使他转为另一个阶级的各种条件。

[第58页]注意。不要忘记,单是维持农奴存在的必要性和大经济的不可能性——它导致把allotments① 分给农奴——很快就使农奴对封建主的赋役降低到中等水平的代役租和徭役地租,这样就使农奴有可能积累一些动产,便于逃出自己领主的领地,并使他有可能当上市民,同时还引起了农奴的分化;可见逃亡农奴已经是半资产者了。由此也可以清楚地看到,掌握了某种手艺的农奴获得动产的可能性最大。

由此可见,逃亡农奴只是力求自由地发展和巩固他们已有的生存条件,因而最终只达到了自由劳动;而无产者,为了维护自己的个性,就应当消灭他们迄今面临的生存条件,消灭这个同时也是整个先前社会

85

---

① 小块土地。——编者注

的生存条件,即消灭劳动。因此,他们也就同社会的各个人迄今借以表现为一个整体的那种形式即同国家处于直接的对立中,他们应当推翻国家,使自己的个性得以确立。

　　从上述一切可以看出,某一阶级的各个人所结成的、受他们反对另一阶级的共同利益所制约的共同关系,总是构成一种共同体,这些个人只是作为普通的个人隶属于这种共同体,只是由于他们还处在本阶级的生存条件下才隶属于这种共同体;他们不是作为个人而是作为阶级的成员处于这种共同关系中的。而在控制了自己的生存条件[第 59页]和社会全体成员的生存条件的革命无产者的共同体中,情况就完全不同了:在这个共同体中各个人都是作为个人参加的。它是各个人的这样一种联合(自然是以当时已经发达的生产力为前提的),这种联合把个人的自由发展和运动的条件置于他们的控制之下。而这些条件从前是受偶然性支配的,并且是作为某种独立的东西同单个人对立的。这正是由于他们作为个人是分散的,是由于劳动分工使他们有了一种必然的联合,而这种联合又因为他们的分散而成了一种对他们来说是异己的联系。过去的联合只是一种(绝不像《社会契约》[28]中所描绘的那样是任意的,而是必然的)关于这样一些条件的协定(例如,可以比照北美合众国和南美诸共和国的形成),在这些条件下,各个人有可能利用偶然性为自己服务。这种在一定条件下不受阻碍地利用偶然性的权利,迄今一直称为个人自由。——这些生存条件当然只是现存的生产力和交往形式。

86

　　共产主义和所有过去的运动不同的地方在于:它推翻一切旧的生产关系和交往关系的基础,并且第一次自觉地把一切自发产生的前提看做是先前各代人的创造,消除这些前提的自发性,使它们受联合起来的个人的支配。因此,建立共产主义实质上具有经济的性质,这就是为这种联合创造各种物质条件,它把现存的条件变成联合的条件。共产主义建立的制度正是这样一种现实基础,它使一切不依赖于个人而存在的状况不可能发生,因为这种存在状况只不过是各个人之间迄今存在过的交往的产物。这样,共产主义者实际上把先前的生产和交往所产生的条件看做无机的条件。然而他们并不以为过去世世代代的意向和使命就是给他们提供资料,也不认为这些条件对于创造它们的个人来说是无机的。

87 **7. 个人与他们的生活条件间的矛盾是生产力和交往形式间的矛盾。生产力的发展和交往形式的更换**

[第 60 页]有个性的个人与偶然的个人之间的差别,不是逻辑上的差别,而是历史事实。在不同的时期,这种差别具有不同的含义,例如,等级在 18 世纪对于个人来说就是某种偶然的东西,家庭 plus ou moins① 也是如此。这种差别不是我们应为每个时代划定的,而是每个时代本身在它所发现的各种不同的现成因素之间划定的,而且不是根据概念而是在物质生活冲突的影响下划定的。

一切对于后来时代来说是偶然的东西——对于先前时代来说则相反,即在先前时代所传下来的各种因素中的偶然的东西,是与生产力发展的一定水平相适应的交往形式。生产力与交往形式的关系就是交往形式与个人的行动或活动的关系。这种活动的基本形式当然是物质活动,一切其他的活动,如精神活动、政治活动、宗教活动等取决于它。当然,物质生活的这样或那样的组织,每次都取决于已经发达的需求,而这些需求的产生,也像它们的满足一样,本身是一个历史过程,这种历史过程在羊或狗那里是没有的(这是施蒂纳[29]顽固地提出 **adversus** hominem② 的主要论据),尽管羊或狗的目前形象无疑是历史过程的产物——诚然,malgré eux③)。个人相互交往的条件,在[这些条件和个

---

① 或多或少。——编者注
② **反对人**。——编者注
③ 不以它们的意愿为转移。——编者注

人之间的]矛盾产生以前,是与他们的个性相适合的条件,对于他们来说不是什么外部的东西;它们是这样一些条件,在这些条件下,生存于一定关系中的一定的个人才能生产自己的物质生活以及与这种物质生活有关的东西,因而它们是个人的自主活动的条件,并且是由这种自主活动产生出来的。① 这样,在[上述]矛盾产生以前,[第 61 页]人们进行生产的一定条件是同他们的现实的局限状态,同他们的片面存在相适应的,这种存在的片面性只是在矛盾产生时才表现出来,因而只是对于后代才存在。这时人们才觉得这些条件是偶然的桎梏,并且把这种视上述条件为桎梏的意识也强加给先前的时代。

　　这些不同的条件,起初是自主活动的条件,后来却变成了它的桎梏,它们在整个历史发展过程中构成一个有联系的交往形式的序列,交往形式的联系就在于:已成为桎梏的旧交往形式被适应于更发达的生产力,因而也适应于更进步的个人自主活动方式的新交往形式所代替;新的交往形式 à son tour② 会成为桎梏并为别的交往形式所代替。由于这些条件在历史发展的每一阶段都是与同一时期的生产力的发展相适应的,所以它们的历史同时也是发展着的、由每一个新的一代承受下来的生产力的历史,从而也是个人本身力量发展的历史。

　　由于这种发展是自发进行的,就是说它不服从自由联合起来的个人的共同计划,所以它是以各个不同的地域、部落、民族和劳动部门等为出发点的,其中的每一个起初都与别的不发生联系而独立地发展,后来才逐渐与它们发生联系。其次,这种发展非常缓慢;各种不同的阶段和利益从来没有被完全克服,而只是屈从于获得胜利的利益,并在许多世纪中和后者一起继续存在。由此可见,甚至在一个民族内,各个人,即使撇开他们的财产关系不谈,都有各种完全不同的发展;较早时期的利益,在与它相适应的交往形式已经为适应于较晚时期的利益的交往

88

89

---

① 马克思的边注:"交往形式本身的生产。"——编者注
② 又。——编者注

形式排挤之后,仍然在长时间内拥有一种表现为相对于个人而独立的虚假共同体(国家、法)的传统权力,一种归根结底只有通过革命才能被打倒的权力。这也说明:为什么在某些可以进行更一般的概括的问题上,[第62页]意识有时似乎超过了同时代的经验关系,以致人们在以后某个时代的斗争中可以依靠先前时代理论家的威望。

相反的,在那些已经发达的历史时代开始自己发展的国家里,例如北美,这种发展非常迅速。在这些国家中,除了移居到那里去的个人而外没有任何其他的自发形成的前提,而这些个人之所以移居那里,是因为他们的需要与老的国家的现存交往形式不相适应。可见,这些国家在开始发展的时候就拥有老的国家的最进步的个人,因而也就拥有与这些个人相适应的、在老的国家里还没有能够确立的最发达的交往形式。这符合于一切殖民地的情况,只要它们不仅仅是一些军用场所或交易场所。迦太基、希腊的殖民地以及11世纪和12世纪的冰岛可以作为例子。类似的过程在征服的情况下也可以看到,如果在另一片土地上发展起来的交往形式被现成地搬到被征服国家的话。这种交往形式在自己的祖国还受到过去时代遗留下来的利益和关系的牵累,而它在新的地方就能够而且应完全地和不受阻碍地确立起来,尽管这是为了保证征服者的长期统治(英格兰和那不勒斯在被诺曼人征服之后,获得了最完善的封建组织形式)。

90   8. 暴力(征服)在历史上的作用

征服这一事实看起来好像是同整个这种历史观矛盾的。到目前为止,暴力、战争、掠夺、抢劫等被看做是历史的动力。这里我们只能谈谈主要之点,因此,我们选择一个最显著的例子:古老文明被蛮族破坏,接着就重新形成另一种社会结构(罗马和蛮人,封建制度和高卢人,东罗马帝国和土耳其人)。

[第63页]对野蛮的征服者民族来说,正如以上所指出的,战争本身还是一种通常的交往形式;在传统的、对该民族来说唯一可能的原始

生产方式下,人口的增长越来越需要新的生产资料,因而这种交往形式也就越来越广泛地被利用。相反的,在意大利,由于地产日益集中(这不仅是由购买和负债引起的,而且还是由继承引起的,因为当时生活放荡和很少结婚的现象流行,一些古老的氏族逐渐灭亡,他们的财产转入少数人手里),由于耕地变为牧场(这不仅是由通常的、至今仍然起作用的经济原因引起的,而且也是由掠夺来的和进贡的谷物的输入以及由此造成的意大利谷物买主不足的现象引起的),自由民几乎完全消失了,就是奴隶也在不断地死亡,而不得不经常代之以新的奴隶。奴隶制仍然是整个生产的基础。介于自由民与奴隶之间的平民,从来没有超出流氓无产阶级的水平。总之,罗马始终只不过是一个城市,它与各行省之间的联系几乎仅仅是政治上的,因而这种联系自然也就可能为政治事件所破坏。

　　再没有比认为迄今历史上的一切似乎都可以归结于**占领**这一观念更普通的了。蛮人**占领**了罗马帝国,这一占领的事实通常被用来说明从古代世界向封建制度的过渡。但是在蛮人的占领下,一切都取决于被征服民族此时是否已经像现代民族那样发展了工业生产力,或者它的生产力主要是否只是以它的联合和现存的共同体(Gemeinwesen)为基础。其次,占领的性质是受占领的对象所制约的。如果占领者不依从被占领国家的生产条件和交往条件,就完全无法占领银行家的体现于证券中的财产。对于每个现代工业国家的全部工业资本来说,情况也是这样。最后,无论在什么地方,占领都是很快就会结束的,已经不再有东西可供占领时,必须开始进行生产。从这种很快到来的生产的必要性中得出如下结论:[第64页]定居下来的征服者所采纳的共同体(Gemeinwesen)形式,应当适应于他们面临的生产力发展水平,如果起初没有这种适应,那么共同体形式就应当按照生产力来改变。这也就说明了民族大迁移后的时期到处可见的一件事实,即奴隶成了主人,征服者很快就接受了被征服民族的语言、教育和风俗。封建制度绝不是

91

现成地从德国搬去的。它起源于征服者在进行征服时的军事组织，而且这种组织只是在征服之后，由于在被征服国家内遇到的生产力的影响才发展为真正的封建制度的。这种形式到底在多大程度上受生产力的制约，这从企图建立以古罗马遗迹为基础的其他形式的失败尝试（查理大帝等）中已经得到证明。

待续。

9. 大工业与自由竞争条件下生产力与交往形式间的矛盾的发展。劳动和资本的对立

在大工业和竞争中，各个人的一切生存条件、一切制约性、一切片面性都融合为两种最简单的形式——私有制和劳动。货币使任何交往形式和交往本身成为对个人来说是偶然的东西。因此，货币就是产生下述现象的根源：迄今为止的一切交往都只是在一定条件下的个人交往，而不是作为个人的个人交往。这些条件可以归结为两点：积累起来的劳动，或者说私有制，以及现实的劳动。如果两者缺一，交往就会停止。现代的经济学家如西斯蒙第、舍尔比利埃[30]等人自己就把 association des individus① 同 association des capitaux② 对立起来。另一方面，个人本身完全屈从于分工，因此他们完全被置于相互依赖的关系之中。私有制，就它在劳动的范围内同劳动相对立来说，是从积累的必然性中发展起来的。起初它大部分仍旧保存着共同体（Gemeinwesen）的形式，但是在以后的发展中越来越接近私有制的现代形式。劳动分工从最初起就包含着劳动**条件**——劳动工具和材料——的分配，也包含着积累起来的资本在各个所有者之间的劈分，从而也包含着资本和劳动之间的分裂以及所有制本身的各种不同的形式。劳动分工越发达[第 65 页]，积累越增加，这种分裂也就发展得越尖锐。劳动本身只能

---

① 个人的联合。——编者注
② 资本的联合。——编者注

在这种分裂的前提下存在。

（有些民族——德国人和美国人——的个人能力，已经是通过种族杂交而产生的能力，——因此德国人是白痴式的；在法、英等国是异族人移居于已经发达的土地上，在美国是异族人移居于一块全新的土地上，而在德国，土著居民安居不动。）

因此，这里显露出两个事实。① 第一，生产力表现为一种完全不依赖于各个人并与他们分离的东西，表现为与各个人同时存在的特殊世界，其原因是，各个人——他们的力量就是生产力——是分散的和彼此对立的，而这些力量从自己方面来说只有在这些个人的交往和相互联系中才成为真正的力量。因此，一方面是生产力的总和，生产力好像具有一种物的形式，并且对个人本身来说它们已经不再是个人的力量，而是私有制的力量，因此，生产力只有在个人是私有者的情况下才是个人的力量。在以前任何一个时期，生产力都没有采取过这种对于**作为个人**的个人交往完全无关的形式，因为他们的交往本身还是有限的。另一方面是同这些生产力相对立的大多数个人，这些生产力是和他们分离的，因此这些个人丧失了一切现实的生活内容，成了抽象的个人，然而正因为这样，他们才有可能**作为个人**彼此发生联系。

他们同生产力以及自身的存在还保持着的唯一联系，即劳动，在他们那里已经失去了任何自主活动的假象，只能用摧残生命的方式来维持他们的［第 66 页］生命。而在以前各个时期，自主活动和物质生活的生产是分开的，这是因为它们是由不同的人承担的，同时，物质生活的生产由于各个人本身的局限性还被认为是自主活动的次要形式，而现在它们竟互相分离到这般地步，以致物质生活一般都表现为目的，而这种物质生活的生产即劳动（它现在是自主活动的唯一可能的形式，然而

93

---

① 恩格斯的边注："西斯蒙第。"——编者注

正如我们看到的,也是自主活动的否定形式)则表现为手段。

10. 消灭私有制的必要性、条件和结果

94 这样一来,现在情况就变成了这样:各个人必须占有现有的生产力总和,这不仅是为了实现他们的自主活动,而且就是为了保证自己的生存。

这种占有首先受所要占有的对象的制约,受发展成为一定总和并且只有在普遍交往的范围里才存在的生产力的制约。仅仅由于这一点,占有就必须带有同生产力和交往相适应的普遍性质。对这些力量的占有本身不外是同物质生产工具相适应的个人才能的发挥。仅仅因为这个缘故,对生产工具一定总和的占有,也就是个人本身的才能的一定总和的发挥。

其次,这种占有受进行占有的个人的制约。只有完全失去了一切自主活动的现代无产者,才能够实现自己的充分的、不再受限制的自主活动,这种自主活动就是对生产力总和的占有以及由此而来的才能总和的发挥。过去的一切革命的占有都是有局限性的:各个人的自主活动受到有局限性的生产工具和有局限性的交往的束缚,他们所占有的是这种有局限性的生产工具[第 67 页],因此他们只是达到了新的局限性。他们的生产工具成了他们的财产,但是他们本身始终屈从于劳动分工和自己所有的生产工具。在过去的一切占有制下,许多个人始终屈从于某种唯一的生产工具;在无产阶级的占有制下,许多生产工具应当归属于每一个个人,而财产则归属于全体个人。现代的普遍交往,除了受全体个人支配,不可能通过任何其他的途径受各个人支配。

其次,占有还受实现占有所必须采取的方式的制约。占有只有通过联合才能实现,由于无产阶级本身固有的本性,这种联合又只能是普遍性的,而且占有也只有通过革命才能得到实现,在革命中,一方面以95 前的生产方式和交往方式的权力以及以前的社会结构的权力被打倒,另一方面无产阶级的普遍性质以及无产阶级为实现这种占有所必需的

能量得到发展,同时无产阶级将抛弃它的以前的社会地位遗留给它的一切东西。

只有在这个阶段上,自主活动才同物质生活一致起来,而这又是同个人向完整的个人的发展以及一切自发性的消除相适应的。同样,劳动向自主活动的转化,同过去受制约的交往向作为个人的交往的转化,也是相互适应的。随着联合起来的个人对全部生产力的占有,私有制也就终结了。在迄今为止的历史上,一种特殊的条件总是表现为偶然的,而现在,各个人本身的独自活动,即某个人本身特殊的个人职业,才是偶然的。

哲学家们在不再屈从于[第68页]劳动分工的个人身上看到了他们名之为"大写的人"的那种理想,他们把我们所描绘的整个发展过程看做是"大写的人"的发展过程,而且用"大写的人"代替迄今每一历史阶段中所存在的个人,并把他描述成历史的动力。这样,整个历史过程被看成是"大写的人"的自我异化过程①,实质上这是因为,他们总是用后来阶段的普通个人来代替先前阶段的个人并且赋予先前的个人以后来的意识。由于这种本末倒置的做法,即公然撇开现实条件,所以就可以把整个历史变成意识发展的过程了。

＊　＊　＊

市民社会包括各个人在生产力发展的一定阶段上的一切物质交往。它包括该阶段的整个商业生活和工业生活,因此它超出了国家和民族的范围,尽管另一方面它对外仍应作为民族起作用,对内仍应以国家的形式建立。"市民社会"②这一用语是在18世纪产生的,当时财产关系已经摆脱了古代的和中世纪的共同体(Gemeinwesen)。真正的市民社会只是随同资产阶级发展起来的,但是这一名称始终标志着直接从生产和交往中发展起来的社会组织。这种社会组织在一切时代都构

96

----

① 马克思的边注:"自我异化。"——编者注

② 术语"bürgerliche Gesellschaft"是"市民社会"的意思,也有"资产阶级社会"的意思。——编者注

成国家的基础以及任何其他的唯心主义的①上层建筑的基础。

11. 国家和法同所有制的关系

所有制的最初形式无论是在古代世界或中世纪都是部落所有制，这种所有制在罗马人那里主要是由战争决定的，而在［第 69 页］日耳曼人那里则是由畜牧业决定的。在古代民族中，一个城市里聚居着几个部落，因此部落所有制就具有国家所有制的形式，而个人的权利则局限于简单的占有（possessio），但是这种占有也和一般部落所有制一样，仅仅涉及地产。无论在古代或现代民族中，真正的私有制只是随着动产的出现才出现的（奴隶制和共同体"Gemeinwesen"）（dominium ex jure Quiritum）②。在起源于中世纪的民族那里，部落所有制经过了几个不同的阶段——封建地产、同业公会的动产、工场手工业资本——然后才变为由大工业和普遍竞争所引起的现代资本，即变为抛弃了共同体（Gemeinwesen）的一切外观并消除了国家对所有制发展的任何影响的纯粹私有制。现代国家是与这种现代私有制相适应的。现代国家由于税收而逐渐被私有者所操纵，由于国债而完全归他们掌握；现代国家的存在既然受到交易所内国家证券行市涨落的调节，所以它完全依赖于私有者即资产者提供给它的商业信贷。因为资产阶级已经不再是一个**等级**，而是一个**阶级**，所以它必须在全国范围内而不再是在一个地区内组织起来，并且必须使自己通常的利益具有一种普遍的形式。由于私有制摆脱了共同体，国家获得了和市民社会并列并且在市民社会之外的独立存在；实际上国家不外是资产者为了在国内外相互保障各自的财产和利益所必然要采取的一种组织形式。目前国家的独立性只有在这样的国家里才存在：在那里，等级还没有完全发展成为阶级，在那里，比较先进的国家中已被消灭的等级还起着某种作用，并且构成某种混

---

① 即观念的、意识形态的。——编者注
② 以古罗马公民的权利为基础的占有。——编者注

合体，因此在那里任何一部分居民也不可能对居民的其他部分进行统治。德国的情况就正是这样。现代国家的最完善的例子就是北[第70页]美。法国、英国和美国的一些近代作家都一致表示，国家只是为了私有制才存在的，可见，这种思想也渗入日常的意识了。

　　因为国家是统治阶级的各个人借以实现其共同利益的形式，是该时代的整个市民社会获得集中表现的形式，所以可以得出结论：一切共同的规章都是以国家为中介的，都获得政治形式。由此便产生了一种错觉，好像法律是以意志为基础的，而且是以脱离其现实基础的**自由**意志为基础的。同样，法随后也被归结为法律。

　　私法和私有制是从自然形成的共同体（Gemeinwesen）形式的解体过程中同时发展起来的。在罗马人那里，私有制和私法的发展没有在工业和商业方面引起进一步的结果，因为他们的整个生产方式没有改变。① 在现代的人民那里，工业和商业瓦解了封建的共同体（Gemeinwesen）形式，随着私有制和私法的产生，开始了一个能够进一步发展的新阶段。在中世纪进行了广泛的海上贸易的第一个城市阿马尔菲也制定了航海法。[31]工业和商业——起初在意大利，随后在其他国家——刚一继续发展私有制，详细拟定的罗马私法便又立即得到恢复并取得威信。后来，资产阶级力量壮大起来，君主们开始保护它的利益，以便依靠它的帮助来摧毁封建贵族，这时候法便在所有国家中——法国是在16世纪——开始以罗马法典为基础真正地发展起来了，各处都在发展[第71页]，除了英国以外。但即使在英国，为了私法（特别是其中关于动产的那一部分）的进一步完善，也不得不参照罗马法的原则。（不应忘记，法也和宗教一样是没有自己的历史的。）

　　在私法中，现存的所有制关系是作为普遍意志的结果来表达的。仅仅 jus utendi et abutendi② 就一方面表明私有制已经完全不依赖于

①　恩格斯的边注："（放高利贷！）"。——编者注
②　使用和滥用的权利，即任意支配事物的权利。——编者注

98

共同体(Gemeinwesen),另一方面表明了一个错觉,仿佛私有制本身仅仅以个人意志即以对物的任意支配为基础的。实际上,abuti① 的概念对于私有者具有极为明确的经济界限,如果他不希望他的财产从而他的 jus abutendi② 转入他人之手的话;因为仅仅从对他的意志方面来考察的物,根本不是物;物只有在交往中并且不以权利为转移时,才成为物,即成为真正的财产(**一种关系**,哲学家们称之为观念)③。这种把权利归结为纯粹意志的法律上的错觉,在所有制关系进一步发展的情况下,必然会造成这样的现象:某人在法律上可以对某物享有权利,但实际上并不拥有某物。例如,假定由于竞争,某一块土地不再提供地租,那么这块土地的所有者在法律上仍然享有权利以及 jus utendi et abutendi。但是这种权利对他毫无用处:如果他除此以外未占有足够的资本来经营自己的土地,他作为土地所有者就一无所有。法学家们的这种错觉说明:在法学家们以及任何法典看来,各个人之间的关系,例如缔结契约这类事情,一般只是偶然的现象;这些关系被他们看做是可以随意建立或不建立的[第72页],它们的内容完全取决于缔约双方的个人意愿。

每当工业和商业的发展创造出新的交往形式,例如保险公司等,法便不得不承认它们都是获得财产的方式。④

12. 社会意识的形式

分工对科学的影响。

镇压在国家、法、道德等中的作用。

资产者之所以必须在法律中使自己得到普遍表现,正因为他们是

---

① 滥用。——编者注
② 滥用的权利。——编者注
③ 马克思的边注:"**在哲学家们看来,关系等于观念。**他们只知道'大写的人'对自身的关系,因此在他们看来一切现实的关系都成了观念。"——编者注
④ 以下在手稿的结尾是马克思手写的后续研究的札记。——编者注

作为阶级进行统治的。

自然科学和历史。

没有政治史、法律史、科学史等,艺术史、宗教史等。①

为什么思想家使一切本末倒置。

笃信宗教者、法学家、政治家。

法学家、政治家(一般的国务活动家)、伦理学家、笃信宗教者。

关于一个阶级内的这种意识形态划分:1)**职业由于劳动分工而独立化**。他们中的每个人都认为自己的手艺是真的。他们之所以必然产生关于自己的手艺和现实相联系的错觉,是手艺本身的性质所决定的。关系在法律学、政治学中——在意识中——成为概念。因为他们没有超越这些关系,所以这些关系的概念在他们的头脑中成为固定概念。例如,法官运用法典,因此他认为,立法是真正的积极的推动力。尊重自己的商品,因为他们的职业是与普遍性的东西相联系的。

法的观念、国家的观念,在**通常的**意识中事情被本末倒置了。

宗教从一开始就是从**现实的**依赖中产生的**超验性**的意识。

更通俗地表达这一点。

传统——在法、宗教等领域中。

* * *

[第 73 页]②各个人过去和现在始终是从自己出发的。他们的关系是他们的现实生活过程的关系。为什么会发生这样的情况:他们的关系会相对于他们而独立？他们自己生命的力量会成为统治他们的

100

101

---

① 马克思的边注:"同表现为古代国家、封建制度、君主专制的'共同体'(dem "Gemeinwesen")相适应的,同这种联系相适应的,尤其是宗教观念。"——编者注

② 这最后一页手稿没有编号。它包含的札记与对唯物主义历史观的最初阐述相关。这里指出的思想后来在本章第一部分第 3 节中有所发展。——编者注

力量？

如果用一句话回答：**劳动分工**，劳动分工的阶段依赖于当时生产力达到的发展水平。

土地所有制。公社所有制。封建的。现代的。

等级的所有制。工场手工业所有制。工业资本。

卡·马克思和弗·恩格斯　　　　　　　　据手稿付印

1845 年 11—1846 年 8 月写于布鲁塞尔　　　　译自德文

首次用俄文发表于

《卡·马克思和弗·恩格斯文库》1924 年第 1 卷

第一篇与手稿相符的全文发表于

《哲学问题》1965 年第 10 期和第 11 期

附　录

卡·马克思

关于费尔巴哈的提纲[32]

（马克思 1845 年笔记本中的稿本）

1) 关于《费尔巴哈》

1

从前的一切唯物主义（包括费尔巴哈的唯物主义）的主要缺点是：对对象、现实、感性，只是从**客体**的或者直观的形式去理解，而不是把它们当做**感性的人的活动**，当做**实践**去理解，不是从主体方面去理解。因此，和唯物主义相反，**能动的**方面却被唯心主义抽象地发展了，当然，唯心主义是不知道现实的、感性活动本身的。费尔巴哈想要研究跟思想客体确实不同的感性客体，但是他没有把人的活动本身理解为**对象性的**活动。因此，他在《基督教的本质》中仅仅把理论的活动看做真正人的活动。而对于实践则只是从它的卑污的犹太人的表现形式去理解和确定。[33]因此,他不了解"革命的"、"实践批判的"活动的意义。

2

人的思维是否具有客观的真理性,这不是一个理论问题,而是一个**实践**问题。人应该在实践中证明自己思维的真理性,即自己思维的现实性和力量,自己思维的此岸性。关于思维——离开实践的思维——的现实性或非现实性的争论,是一个纯粹**经院哲学的**问题。

3

关于环境和教育起改变作用的唯物主义学说忘记了:环境是由人来改变的,而教育者本人一定是受教育的。因此,这种学说一定把社会分成两部分,其中一部分凌驾于社会之上。

环境的改变和人的活动或自我改变的一致,只能被看做是并且合理地理解为**革命的实践**。

4

费尔巴哈是从宗教上的自我异化,从世界被二重化为宗教世界和世俗世界这一事实出发的。他做的工作是把宗教世界归结于它的世俗基础。但是,世俗基础使自己从自身中分离出去,并在云霄中固定为一个独立王国,这只能用这个世俗基础的自我分裂和自我矛盾来说明。因此,对于这个世俗基础本身应当在自身中、从它的矛盾中去理解,并在实践中使之革命化。因此,例如,自从发现神圣家族的秘密在于世俗家庭之后,世俗家庭本身就应当在理论上和实践中被消灭。

5

费尔巴哈不满意**抽象的思维**而喜欢**直观**,但是他把感性不是看做**实践的**、人的感性的活动。

6

费尔巴哈把宗教的本质归结于**人的**本质。但是,人的本质不是单个人所固有的抽象物,在其现实性上,它是一切社会关系的总和。

费尔巴哈没有对这种现实的本质进行批判,因此他不得不:

(1) 撇开历史的进程,把宗教感情(Gemüt)固定为独立的东西,并假定有一种抽象的——**孤立的**——人的个体；

（2）因此，本质只能被理解为"类"，理解为一种内在的、无声的、把104
许多个人**自然地**联系起来的普遍性。

7

因此，费尔巴哈没有看到，"宗教感情"本身是社会的产物，而他所分析的抽象的个人，是属于一定的社会形式的。

8

全部社会生活在本质上是**实践的**。凡是把理论引向神秘主义的神秘东西，都能在人的实践中以及对这个实践的理解中得到合理的解决。

9

直观的唯物主义，即不是把感性理解为实践活动的唯物主义至多也只能达到对单个人和市民社会的直观。

10

旧唯物主义的立足点是市民社会，新唯物主义的立脚点则是人类社会或社会的人类。

11

哲学家们只是用不同的方式**解释**世界，问题在于**改变**世界。

卡·马克思写于 1845 年春	据手稿付印
手稿首次由苏共中央马列主义研究院	译自德文
于 1924 年用德文和俄文发表	卡·马克思和弗·恩格斯
	《德意志意识形态》
	莫斯科，1956 年，第 561—563 页①

---

① 本文参照《马克思恩格斯选集》（第 1 卷），人民出版社，1995 年版，第 54－57 页，编译。个别格式和行文根据俄文版有所改动。——中文编译者注

卡·马克思

关于费尔巴哈的提纲
(1888 年由恩格斯发表的稿本)

马克思论费尔巴哈
(1845 年春写于布鲁塞尔)

1

从前的一切唯物主义——包括费尔巴哈的唯物主义——的主要缺点是:对事物、现实、感性,只是从**客体**或者**直观**的形式去理解,而不是把他们当做**人的感性活动**,当做**实践**去理解。所以,结果竟是这样,和唯物主义相反,唯心主义却发展了**能动的**方面,但只是抽象地发展了,因为唯心主义当然是不知道现实的、感性的活动本身的。费尔巴哈想要研究跟思想客体不同的感性客体,但是它没有把人的活动本身理解为**对象性的**活动,因此,他在《基督教的本质》中仅仅把理论的活动看做是真正人的活动,而对于实践则只是从它的卑污的犹太人活动的表现形式去理解和确定。因此,他不了解"革命的"、"实践批判的"活动的意义。

2

人的思维是否具有客观的真理性,这并不是一个理论问题,而是一个实践问题。人应该在实践中证明自己思维的真理性,及自己思维的现实性和力量,即自己思维的此岸性。关于离开实践的思维是否具有现实性的争论,是一个纯粹经院哲学的问题。

3

有一种唯物主义学说,认为人是环境和教育的产物,因而认为改变了的人是另一种环境和改变了的教育的产物,——这种学说忘记了:环境正是由人来改变的,而教育者本人一定是受教育的。因此,这种学说必然把社会分成两部分,其中一部分凌驾于社会之上(例如,在罗伯特·欧文那里就是如此)。

环境的改变和人的活动的一致,只能被看做是并合理地理解为变革的实践。

4

费尔巴哈是从宗教上的自我异化,从世界被二重化为宗教的、想象的世界和现实的世界这一事实出发的。他做的工作是把宗教世界归结于他的世俗基础。他没有注意到,在做完这一工作之后,主要的事情还没有做。因为,世俗基础使自己从自身中分离出去,并在云霄中固定为一个独立王国,这一事实,只能用这个世俗基础的自我分裂和自我矛盾来说明。因此,对于世俗基础本身首先应当从他的矛盾中去理解,然后用排除这种矛盾的方法在实践中使之革命化。因此,例如,自从发现神圣家族的秘密在于世俗家庭之后,对于世俗家庭本身就应当从理论上进行批判,并在实践中加以变革。

5

费尔巴哈不满意**抽象的思维**而诉诸**感性的直观**,但他把感性不是看做实践的、人类感性的活动。

6

费尔巴哈把宗教的本质归结于人的本质。但是,人的本质并不是单个人所固有的抽象物。在其现实性上,它是一切社会关系的总和。 107

费尔巴哈没有对这种现实的本质进行批判,因此他不得不:

(1)撇开历史的进程,把宗教感情(Gemüt)固定为独立的东西,并假定有一种抽象的——**孤立的**——人类个体。

(2)因此,他只能把人类的本质理解为"类",理解为一种内在的、无声的、把许多个人纯粹**自然地**联系起来的普遍性。

7

因此,费尔巴哈没有看到,"宗教感情"本身是**社会的产物**,而他所分析的抽象的个人,实际上是属于一定的社会形式的。

8

社会生活在本质上是**实践的**。凡是把理论导致神秘主义的神秘东西,都能在人的实践中以及对这个实践的理解中得到合理的解决。

9

直观的唯物主义,即不是把感性理解为实践活动的唯物主义,至多也只能做到对"市民社会"的单个人的直观。

10

旧唯物主义的立足点是**"市民"**社会;新唯物主义的立脚点则是**人类社会或社会化的人类**。

11

哲学家们只是用不同的方式**解释**世界,而问题在于**改变**世界。

卡·马克思写于 1845 年春
弗·恩格斯于 1888 年筹印并首次
发表于其著作《路德维希·费尔巴哈
和德国古典哲学的终结》单行本

按弗·恩格斯 1888 年在斯图加特
出版的著作《路德维希·费尔巴哈
和德国古典哲学的终结》
的附录文本付印
译自德文
卡·马克思和弗·恩格斯
《德意志意识形态》
莫斯科,1956 年,第 567—569 页①

---

① 本文参照《马克思恩格斯选集》(第 1 卷),人民出版社,1995 年版,第 58－61页,编译。个别格式和行文根据俄文版有所改动。——中文编译者注

弗·恩格斯

费尔巴哈[34]

（a）费尔巴哈的全部哲学归结为：（1）自然哲学——消极地崇拜自然，如醉如痴地膜拜自然的壮丽和万能；（2）人类学，即（α）生理学，这里所讲的，没有任何新东西，全是唯物主义者已经说过的有关肉体和灵魂的统一，只是讲得不那么死板，而是多少有点夸张，（β）心理学，归结为把爱捧上了天的颂歌，类似自然崇拜，除此以外，没有任何新东西；（3）道德，要求——符合"大写的人"的概念；impuissance mise en action①。比照§54，第81页："人对于胃的道德的和理性的态度，在于不把胃当做一种兽性的东西看待，而是当做人性的东西看待。"——§61："人……作为道德存在物"以及在《基督教的本质》中对道德问题大发议论。

（b）人们在今天的发展阶段上只能在社会内部满足自己的需要，人们从一开始，从他们存在的时候起，就是彼此需要的，只是由于这一点，他们才能发展自己的需要和能力等，他们发生了交往，所有这一切，费尔巴哈是这样来表述的：

"单个的人**本身并不具备人的本质**"，"人的**本质**只包含在共同性中，包含在**人和人的统一**中，但是这个统一只是建立在大写的自我和大写的你之间的**差别的现实性**上。——人本身就是人（在一般意义上），**和人结合起来的人，大写的我和大写的你的统一，则是上帝**"（即超出一般意义的人）（§61、62，第83页）。

哲学竟到了这种地步：它提出人们之间必须交往这样一个平凡的

_____

① 　生效的无力。——编者注

现实——一个不予以承认就绝不会产生曾经存在过的第二代人的事实，在性的区别中就已经存在的事实——作为自己的全部经历终结时的最伟大的成果。而且还采用了"大写的我和大写的你的统一"这样一种神秘的形式。如果费尔巴哈指的主要①不是性行为、种的延续的行为、大写的自我和大写的你的共同性，这句话是根本不能成立的。② 既然费尔巴哈的共同性成了**实际的**，它也就局限于性行为以及对哲学思想和问题的谅解、"真正的辩证法"（§64）、对话、"精神的人和肉体的人的**产生**"（第67页）。这个"**产生出来的**"人除了又在"精神上"和"肉体上""产生人"以外，以后再做什么，关于这一点，只字未提。费尔巴哈知道的也仅仅是**两个人**之间的交往：

"是这样一个真理：任何存在物本身都不是真正的、完善的、绝对的存在物，真理和完善只是**两个**本质相同的存在物的结合和统一"（第83、84页）。

(c)《未来哲学》一开头就表明我们同他之间的区别：

§1："新时代的任务，是把上帝现实化和人化，把神学转变为人类学和溶解为人类学。"比照："否定神学，是新时代的**本质**。"（《未来哲学》第23页）

110　　(d) 费尔巴哈在§2对天主教和新教加以区别。天主教是"神学"，"关心什么是上帝自身"，具有"思辨的和直观的倾向"，而新教只是基督学，把上帝留给上帝自身，把思辨和直观留给哲学。这种区别不外是与不发达的科学相适应的需要所产生的分工。费尔巴哈只从**神学内部**的这个需要来解释新教，而独立的哲学历史后来也自愿附和这种解释。

---

① 俄文版中该词为未知文字，脚注用俄文解释为"主要"，这里直接把俄文注释译成了中文。——中文编译者注
② 正是因为大写的人＝头＋心，为了创造大写的人而需要两个人——在他们的交往中一个作为**头**，另一个作为**心**——**男人**和**女人**。否则就不可想象，为什么**两个人**比一个人更人性一些。圣西门主义的个体。

（e）"存在并不是一种可以同事物分离开来的普遍概念。存在和存在的东西是一回事……存在是本质的肯定。**我的本质是怎样的，我的存在也就是怎样的。**鱼在水中，但是你不能把鱼的本质同这种存在分离开来。语言已经把存在和本质等同起来。只有在人的生活中，**而且只有在反常的、不幸的情况下，**存在才会同本质分离；这里会出现这种情形，即并不是在有了一个人的存在的时候也就有了他的本质，但是正因为这种分离，当人的肉体实际存在的时候，他的灵魂并不就真正存在。只有你的心存在的时候，**你才存在。**但是，一切事物——**违反自然的情况除外**——都乐意在事物所存在的地方，都乐意是事物所存在的样子。"（第47页）

对现存事物的绝妙的赞扬。除了违反自然的情况，除了个别反常的情况，你乐意在7岁时成为矿井的守门人，每天单独一人在昏暗中度过14个小时，既然你的①存在是这样，你的②本质也就是这样。走锭精纺机的拈接工也是一样。你的③"本质"就在于，你应当服从某一个劳动部门。比照《信仰的本质》[35]第11页，"得不到满足的饥饿"……

（f）§48，第73页："只有**时间**是把对立的或矛盾的规定以不矛盾的方式联结在同一个存在物中的**中介**。至少对于生物来说，是这样的。例如在人中间就表现出这样的**矛盾**：时而是**这种**规定、这种企图支配着我，充实着我，时而又是完全另一种甚至直接对立的规定、企图支配着我，充实着我。"

费尔巴哈把这叫做（1）矛盾，（2）矛盾的联结，并且认为（3）这是由时间来实现的。当然，是"充实了的"时间，但终究是时间，而不是在时间中所发生的事情。这个论点＝只有在时间中才可能有变化。

111

---

① 俄文版中该词的首字母是大写。——中文编译者注
② 俄文版中该词的首字母是大写。——中文编译者注
③ 俄文版中该词的首字母是大写。——中文编译者注

弗·恩格斯约写于 1845 年秋　　　　　　据手稿付印

首次由苏共中央马列主义研究院　　　　　　译自德文

于 1932 年用原文发表　　　　　卡·马克思和弗·恩格斯

《德意志意识形态》

莫斯科,1956 年,第 575—577 页①

---

①　本文参照《马克思恩格斯全集》(第 42 卷),人民出版社,1979 年版,第 360 - 363 页,编译。个别格式和行文根据俄文版有所改动。——中文编译者注

恩格斯致马克思的书信节选

112

1846 年 10 月 18 日[36]

亲爱的马克思：

在长时间的内心抗拒之后，我终于强迫自己把费尔巴哈的破烂货读了一遍，我发觉，在我们的批判中①无法涉及这篇东西。等我把主要内容告诉你以后，你就会知道是什么原因了。

《宗教的本质》，《爱比格尼》第一卷第 117—178 页。

"**人的依赖**感是宗教的基础（第 117 页）"。因为人首先依赖于自然，所以"自然是宗教的最初的原始的对象"（第 118 页）。（"自然只不过是一个用来表示人认为**与他自己以及他的产品不同**的那些实体、物体等的一般用语。"）最初的宗教表现是反映自然现象、季节更换等的庆祝活动。一个部落或民族生活于其中的特定自然条件和自然产物，都被搬进了它的宗教里。

人在自己的发展中得到了其他实体的支持，但这些实体不是**高级的**实体，不是天使，而是低级的实体，是**动物**。由此就产生了动物崇拜。

（接着是多神教徒为反驳犹太人和基督教徒的攻击而作的辩解，都是老生常谈）。

自然在基督教徒那里同样也始终是宗教的隐蔽的背景。那些表明神与人不同的特性，就是自然的特性（最初的，就基础而言）。这就是万能性、永恒性、普遍性等。神的真实内容只是自然，不过是在这个意义上，即神只是被想象成自然的创造者，而不是被想象成政治的和道德的立法者。

对理性实体创造自然、从虚无中创造等论点所进行的反驳，大多是一种"人格化"的，就是说，一种翻译成温和的、感动市民心灵的德语的 materialismus vulgaris②。

113

---

①　卡·马克思和弗·恩格斯，《德意志意识形态》，第 1 卷，第 1 章。——编者注
②　庸俗唯物主义。——编者注

自然在自然宗教中之成为对象,并不是被当做自然,而是"被当做一种有人格的、活生生的、有感觉的实体……一种有情感的实体,亦即一种主观的、人的实体"(第138页)。因此人就崇拜它,并且极力用人的动机等去规定它。这种情况的发生,主要是由于自然界的多变。"对自然的依赖感,再加上把自然想象为一个任意行动的有人格的实体,这就是献祭这一自然宗教的最本质行动的基础。"(第140页)但由于献祭的目的是**利己的**,所以人仍然是宗教的**最终目标**,人的神化是宗教的最终目的。

接着就是陈旧的解说和夸张的论述,说那些还信奉自然宗教的原始民族,把他们讨厌的东西如瘟疫、热病等也都变成了神。

"如同人从一个仅仅是肉体的实体变成一个**政治的**、完全不同于自然并集中于自身(!!!)的实体一样,人的神也变成了一个政治的、不同于自然的实体"。**因此人**"就达到了"把他自身同自然分开,从而达到了一个不同于自然的神,这首先只通过他同其他人组成为**团体**来实现,在这种团体里,那些不同于自然的、**仅仅存在于思想或想象中的力量**(!!!)即法律、舆论、名誉、道德的力量,就成了人的依赖感的对象……"。

(这个文风怪诞的句子在第149页上。)

自然的力量,支配生与死的力量,被贬低为政治的和道德的力量的附属品和工具。

在第151页上有一段是讲东方保护派和西方进步派的。

"在东方,人并**不**由于人而**忘记**自然……"君主本身对人来说不是作为一个尘世的实体,而是作为一个天上的、神的实体而成为跪拜的对象。但是在神的身旁人就消失了,只有在尘世不再有神的时候……人们才能给自己找到空间和地盘。

(漂亮的解释:为什么东方人停滞不前,由于那里偶像占满了空间。)

东方人和西方人的关系,正像乡下人和城里人的关系一样,前者依赖**自然**,而后者依赖人,等等,"因此,只有城里人创造历史"。

(只是在这个地方才带有微弱的,但又有些难闻的唯物主义气味。)

"只有能够把**自然**的力量牺牲给**舆论**的力量,把自己的**生命**牺牲给自己的

名誉，把自己的**肉体**存在牺牲给自己在后代口中和思想中的存在的人，才有资格从事历史的事业。"

原来如此！一切不是自然的东西，便是观念、舆论、空谈。正因为如此，所以

"只有人的'**虚荣心**'，才是历史的原则"！

第152页："只要人意识到……恶习和愚昧带来不幸等，而美德和智慧与此相反……则带来幸福，因此**决定人的命运的力量**是理智和意志……那时，自然对于人来说也就成为一个依赖理智和意志的实体。"

（话题转到了一神论上面——费[尔巴哈]把上述的虚无缥缈的"意识"同理智和意志的力量分了家。）随着理智和意志对世界的统治，就出现了超现实主义、从虚无中进行创造以及一神论，还特别用"人的意识的统一性"来说明一神论。至于没有**统一的君主**就绝不会出现统一的神，至于神的统一性不过是统一的东方专制君主的反映，无非那个神支配着形形色色的自然现象，联合着各种互相对抗的自然力，而这个君主在表面上或实际上联合着利益冲突、彼此敌对的人，关于这一切，费[尔巴哈]却认为没有谈论的必要。

反对目的论的长篇空谈：旧唯物主义的翻版。在这里，费[尔巴哈]责备神学家在对待自然方面犯的错误，可是他在对待现实世界方面却犯了同样的错误。神学家们认为，没有神，自然就一定会变成一片混乱（就是说，没有对神的信仰，自然就会分崩离析），神的**意志**，神的**理智**、**舆论**，把世界联合在一起。对此费尔巴哈笨拙地加以嘲笑，可是他自己也认为：舆论，对公众的**舆论**、**法律**及其他**思想**的恐惧心现在把世界联合在一起。

费[尔巴哈]在反对神学时用的一个论据，表现出他是一个 laudator temporis praesentis①：儿童在幼小时期的死亡率之所以很高，是因为：

① 115

————————

① 现时代的颂扬者（贺拉斯：《诗艺》；套用）。——编者注

"**自然**由于十分富有,可以不假思索地牺牲成千上万的单个的成员……例如一岁的婴儿三四个里面死去**一个**,五岁的二十五个里面死去**一个**,这都是自然原因的结果"。

除了在这里摘下的不多的几个论点以外,就再没有什么可摘录的东西了。关于各种宗教的历史发展情况,我们一点也看不出来。至多是从宗教史上列举了一些事例,来证明上述的陈腐的论点。文章内容的大部分是对神和基督教的论战,观点同他以往的论战完全一样,只不过现在,当他智穷力竭的时候,尽管一再重复过去的空话,对唯物主义者的依赖性仍然明显得多地暴露了出来。如果要想就自然宗教、多神教、一神教的陈旧论调说些什么,那就必须用这些宗教形式的现实发展来对比,为此首先必须研究这些宗教形式。但这一切,同他对基督教的解释一样,对我们的著作没有多大关系。这篇论文,对于了解费[尔巴哈]的实证哲学观点,没有提供什么新东西。我上面摘录来以供批判的几个论点,只不过证实了我们已经说过的话是正确的。如果你对这个家伙还有兴趣,可以设法直接或间接地从基斯林格那里搞到他的全集的第一卷,在这一卷里费尔巴哈还写了一篇序言之类的东西,那里面或许会有点什么。我见过一些片段,在那里费[尔巴哈]谈到"头脑里的恶"和"胃里的恶",仿佛是要为自己不研究现实作无力的辩解。这一切正是他一年半以前就写信告诉我的东西。

刚才收到你的信。由于我搬了家,这封信在旧寓中放了几天。我想同瑞士的书商接洽一下,不过能否给手稿①找到地方,我没有把握。这些人当中没有一个人有钱来印 50 个印张的。我的意见是,我们可以**把手稿分开**,设法分册出版,先出版哲学部分,这是应当首先发表的,然后再出版其余的部分,否则我们会什么也印不成。一下子印 50 个印张,分量很大,许多书商正是因为无力负担才不愿接受的。

---

① 卡·马克思和弗·恩格斯:《德意志意识形态》。——编者注

首次发表于 1913 年在斯图加特出版的　　　　据手稿付印

《弗·恩格斯和卡·马克思通信集》第一卷　　译自德文

《卡·马克思和弗·恩格斯全集》

第 2 版，第 27 卷，第 53—57 页①

---

① 本文参照《马克思恩格斯全集》(第 27 卷)，人民出版社，1972 年版，第 63 - 67 页，编译。个别格式和行文根据俄文版有所改动。——中文编译者注

117

马克思致巴·瓦·安年柯夫的书信节选
1846 年 12 月 28 日

我本想有可能随信把我那本关于政治经济学的书[37]寄给您，但是直到现在，我既未能出版这本书，也未能出版我曾经在布鲁塞尔[38]向您说过的对德国的哲学家和社会主义者的那篇批判。① 您很难想象，在德国出版这种书要碰到怎样的困难，这困难一方面来自警察，一方面来自代表我所抨击的一切流派的利益的出版商。至于我们自己的党，那么它不仅很贫困，而且德国共产党内有相当大的一部分党员由于我反对他们的空想和浮夸而生我的气。

忠实于您的　**卡尔·马克思**

<table>
<tr><td>首次用原文发表于 1912 年在</td><td>据该书的文本付印</td></tr>
<tr><td>圣彼得堡出版的</td><td>译自法文</td></tr>
<tr><td>《通信中的 M. M. 斯塔休列维奇</td><td>《卡·马克思和弗·恩格斯全集》</td></tr>
<tr><td>和他的同时代人》第 3 卷</td><td>第 2 版，第 27 卷，第 412 页②</td></tr>
</table>

---

① 卡·马克思和弗·恩格斯：《德意志意识形态》。——编者注
② 本文参照《马克思恩格斯全集》(第 27 卷)，人民出版社，1972 年版，第 488 页，编译。个别格式和行文根据俄文版有所改动。——中文编译者注

卡·马克思为《政治经济学批判》第一版所作序言的节选　118

　　为了解决使我苦恼的疑问,我写的第一部著作是对黑格尔法哲学的批判性的分析,这部著作的导言曾发表在 1844 年巴黎出版的《德法年鉴》[39]上。我的研究得出这样一个结果:法的关系正像国家的形式一样,既不能从它们本身来理解,也不能从所谓人类精神的一般发展来理解,相反,它们根源于物质的生活关系,这种物质的生活关系的总和,黑格尔按照 18 世纪的英国人和法国人的先例,称之为"市民社会",而对市民社会的解剖应该到政治经济学中去寻求。我在巴黎开始研究政治经济学,后来因基佐先生下令驱逐移居布鲁塞尔,在那里继续进行研究。[40]我所得到的、并且一经得到就用于指导我的研究工作的总的结果,可以简要地表述如下:人们在自己生活的社会生产中发生一定的、必然的、不以它们的意志为转移的关系,即同他们的物质生产力的一定发展阶段相适合的生产关系。这些生产关系的总和构成社会的经济结构,即有法律的和政治的上层建筑竖立其上并有一定的社会意识形式与之相适应的现实基础。物质生活的生产方式制约着整个社会生活、政治生活和精神生活的过程。不是人们的意识决定人们的存在,相反,是人们的社会存在决定人们的意识。社会的物质生产力发展到一定阶段,便同它们一直在其中活动的现存生产关系或财产关系(这只是生产关系的法律用语)发生矛盾。于是这些关系便由生产力的发展形式变成生产力的桎梏。那时社会革命的时代到来了。随着经济基础的变更,全部庞大的上层建筑也或慢或快地发生变革。在考察这些变革时,必须时刻把下面两者区别开来:一种是生产的经济条件方面所发生的物质的、可以用自然科学的精确性指明的变革,一种是人们借以意识到这个冲突并力求把它克服的那些法律的、政治的、宗教的、艺术的或哲

119

学的,简言之,意识形态的形式。我们判断一个人不能以他对自己的看法为根据,同样,我们判断这样一个变革时代也不能以它的意识为根据,相反,这个意识必须从物质生活的矛盾中,从社会生产力和生产关系之间的现存冲突中去解释。无论哪一个社会形态,在它们所能容纳的全部生产力发挥出来以前,是绝不会灭亡的;而新的更高的生产关系,在它存在的物质条件在旧社会的胎胞里成熟之前,是绝不会出现的。所以人类始终只能提出自己能够解决的任务,因为只要仔细考察就可以发现,任务本身,只有在解决它的物质条件已经存在或者至少是在形成过程中的时候,才会产生。大体说来,亚细亚的、古代的、封建的和现代资产阶级的生产方式可以看做是社会经济形态演进的几个时代。资产阶级的生产关系是社会生产过程的最后一个对抗形式,这里所说的对抗,不是指个人的对抗,而是指从个人的社会生活条件中生长出来的对抗。但是,在资产阶级社会的胎胞里发展的生产力,同时又创造着解决这种对抗的物质条件。因此,人类社会的史前时期就以这种社会形态而告终。

自从弗里德里希·恩格斯批判经济学范畴的天才大纲(在《德法年鉴》上)[41]发表以后,我同他不断通信交换意见,他从另一条道路(请参考他的《英国工人阶级状况》[42])得出同我一样的结果;当 1845 年春他也住在布鲁塞尔时[43],我们决定共同钻研我们的见解与德国哲学思想体系的见解之间的对立,实际上是把我们从前的哲学信仰清算一下。这个心愿是以批判黑格尔以后的哲学的形式来实现的。八开本两厚册的原稿①早已送到威斯特伐里亚的出版地,后来我们才接到通知说,由于情况改变,不能付印。既然我们已经达到了主要目的——自己弄清问题,我们就更为情愿地把原稿交给老鼠去咬噬批判了。

---

① 卡·马克思和弗·恩格斯:《德意志意识形态》。——编者注

卡·马克思 1859 年 1 月写于伦敦　　　　　据 1859 年版的文本付印

发表于卡·马克思 1859 年在柏林　　　　　　　　译自德文

　　出版的《政治经济学批判》　　　　　《卡·马克思和弗·恩格斯全集》

　　　　　第一分册　　　　　　　　　第 2 版,第 13 卷,第 6—8 页①

———————————

　　①　本文参照《马克思恩格斯全集》(第 13 卷),人民出版社,1962 年版,第 8 - 10 页,编译。个别格式和行文根据俄文版有所改动。——中文编译者注

弗·恩格斯为其《路德维希·费尔巴哈与
德国古典哲学的终结》一书所作序言的节选

121

把这几页稿子送去付印以前，我又把 1845—1846 年的旧稿找出来，重读了一遍。① 其中关于费尔巴哈的一章没有写完。已写好的一部分是解释唯物主义历史观的；这个解释只是表明当时我们在经济史方面的知识还多么不够。在旧稿里面对于费尔巴哈的学说本身没有批判，所以，旧稿对于我们现在这一目的是不适用的。可是我在马克思的一本旧笔记中找到了 11 条关于费尔巴哈的提纲，拿来作为本书的附录。这是一份供进一步研究用的匆匆写成的笔记，根本没打算付印。但是，这些笔记作为包含着新世界观的天才萌芽的第一个文件，是非常宝贵的。

弗里德里希·恩格斯
1888 年 2 月 21 日于伦敦

<table>
<tr>
<td>

发表于 1888 年在斯图加特出版的
弗·恩格斯《路德维希·费尔巴哈和
德国古典哲学的终结》一书

</td>
<td>

据 1888 年版的文本付印
译自德文
《卡·马克思和弗·恩格斯全集》
第 2 版，第 21 卷，第 371 页②

</td>
</tr>
</table>

---

① 卡·马克思和弗·恩格斯：《德意志意识形态》。——编者注
② 本文参照《马克思恩格斯全集》（第 21 卷），人民出版社，1965 年版，第 412 页，编译。个别格式和行文根据俄文版有所改动。——中文编译者注

注　释

[1]《德意志意识形态。对费尔巴哈、布·鲍威尔和施蒂纳所代表的现代德国哲学以及各式各样先知所代表的德国社会主义的批判》是马克思和恩格斯于 1845—1846 年在布鲁塞尔合写的一部著作。在《德意志意识形态》中马克思和恩格斯首次全面探讨了自己的新世界观——作为科学社会主义哲学基础的唯物主义历史观。这一正面理论的发展是以批判青年黑格尔派的唯心主义哲学和"真正的社会主义"的小资产阶级观点的形式实现的。

　　《德意志意识形态》的手稿有近 50 个印张,共两卷。第一卷的内容主要是研究历史唯物主义的基本原理和批判路·费尔巴哈、布·鲍威尔和麦·施蒂纳的哲学观点,第二卷的内容是批判"真正的社会主义"各种代表的观点。

　　马克思和恩格斯是在 1845 年春天决定探讨自己的新世界观,以对抗德国的唯心主义哲学的。他们直接着手写作《德意志意识形态》是在 1845 年 11 月,基本完成于 1846 年 4 月;第二卷的写作所持续的时间不晚于 1846 年 8 月中旬。第二卷的补充(恩格斯的著作《真正的社会主义者》)大约在 1847 年的 1—4 月写成。

　　1845—1846 年,马克思和恩格斯曾多次尝试在德国为自己的著作寻找出版商。但是,由于警察方面的阻挠,由于出版商——他们是马克思和恩格斯所反对的派别的有关代表——的拒绝,这些尝试均无果而终。马克思和恩格斯生前只发表了《德意志意识形态》的一章,即第二卷第四章。恩格斯逝世后,《德意志意识形态》的手稿落入德国社会民主党的机会主义领导人的手中,他们长期将其藏匿(37 年间只零星发表了不到一半的手稿)。《德意志意识形态》最重要的第一章于 1924 年由马克思恩格斯研究院首次用俄文发表,1926 年用德文发表。整部著作以其传至我们的方式(除后来找到的三页)于 1932 年由马克思-恩格斯-列宁研究院用德文首次发表,1933 年用俄文发表。

传至我们的《德意志意识形态》第一卷第一章的手稿由五个部分组成,基本上出自恩格斯之手。

起初马克思和恩格斯开始撰写的是同时批判路·费尔巴哈、布·鲍威尔和麦·施蒂纳的著作。后来他们改变了自己最初的想法,决定用专门的章节批判鲍威尔和施蒂纳(《Ⅱ. 布鲁诺》和《Ⅲ. 圣麦克斯》),而把对费尔巴哈的批判作为它们的总序言(《Ⅰ. 费尔巴哈》),在其中给出对马克思和恩格斯观点的正面阐述。同这个新计划相应,他们从原手稿中删除了所有对鲍威尔和施蒂纳的批判部分,把它们相应地转到了《德意志意识形态》第一卷的第二章和第三章。这样就形成了按先后顺序排列的第一部分,关于费尔巴哈一章的最初的核心(由马克思编号的 29 页)。

后来写成了第二章并开始写作第三章。在批判施蒂纳的《唯一者及其所有物》一书的过程中,马克思和恩格斯嵌入了展开程度或多或少的理论插笔,他们在其中以正面的形式发展了自己的唯物主义历史观。他们把两个插笔从关于施蒂纳的一章抽出,转到了关于费尔巴哈的那章里。第一个插笔(6 页)是为批判施蒂纳关于精神在历史上的统治的唯心主义观点而写的,最初这部分在手稿中所处的位置可参见《卡·马克思和弗·恩格斯全集》第三卷第163 页。第二个理论插笔(37 页)是为批判施蒂纳的资产阶级社会，竞争，私有制、国家和法的关系的观点而写的，从关于施蒂纳的一章抽出的这一部分被新的正文取代（参见同上，第 350 页及以下部分）。这就是按先后顺序排列的关于费尔巴哈一章的第二和第三部分的来历。

马克思将这开始的三个部分按顺序编了页码（1—72 页），使其统一为整个第一章手稿的草案。

此后马克思和恩格斯开始修改这一章的草案，并两次尝试将这一章的开头誊清。这样就出现了两份誊清稿。按先后顺序排列的第四部分是第一份誊清稿（5 页），第五部分是第二份誊清稿（16页）。第一种方案和第二种方案的开头基本吻合，因此，第一份誊清稿的相应部分在手稿中被删除了。

在本版当中，关于费尔巴哈的一章分为四个部分。第一部分是第二份誊清稿以及从第一份誊清稿中补充进去的、第二个方案中没有使用的内容。第二部分是全章最初的核心。第三和第四部分是从关于施蒂纳的一章中转入的理论插笔。关于费尔巴哈一章的各组成部分是连贯的、有着内在逻辑联系的整体。它们互相补充，共同构成唯物主义历史观的总体观点。四个部分中各个部分的内容可以表述如下：第一部分：序言，德国黑格尔以后哲学唯心主义的总特点。唯物主义历史观的前提、实质和总轮廓。第二部分：历史过程的唯物主义观点和唯物主义历史观的结论。对一般唯心主义历史观的批判，特别是对青年黑格尔派和费尔巴哈的批判。第三部分：唯心主义历史观是怎样产生的。第四部分：生产力、劳动分工和所有制形式的发展。社会的阶级结构。政治上层建筑。社会意识的形式。

手稿的整个文本被加上了《Ⅰ.费尔巴哈》的标题。1883 年马克思逝世后，恩格斯在清理遗留资料时重新找到并重读了《德意志意识形态》的手稿，他在第一章末尾做了注：《Ⅰ.费尔巴哈·唯物主义观点与唯心主义观点的对立》。

　　该章的组成部分被标题分为独立的节（第三部分只有一节），
文本的划分和各节几乎所有的标题都是编者加的，编者的标题和
编辑时必需添补的文字放在方括号内，在方括号里也指出手稿的
页码。马克思和恩格斯为主要的第二份誊清稿的张数所编的号用
字母"л."和数字标明：[л. 1]等。作者没有为第一份誊清稿编号，
这里用字母"c."和数字标明：[c. 1]等。马克思为手稿的三个草稿
部分编的号直接用数字标明：[1]等。——第 18 页

[2] 指大·弗·施特劳斯的主要著作《耶稣传》（D. F. Strauß. *Das
Leben Jesu*. Bd. 1—2, Tübingen, 1835—1836），它奠定了对宗教
进行哲学批判和把黑格尔派分为老年黑格尔派和青年黑格尔派的
开端。——第 18 页

[3] **狄亚多希**是马其顿亚历山大大帝的将领，他们在亚历山大死后为
争夺权力彼此进行了残酷的斗争。在这一斗争的过程中（公元前
4 世纪末至公元前 3 世纪初），亚历山大的君主国即实行军事管理
的并不牢固的联盟分裂成了一系列单独的国家。——第 18 页

[4] **"震撼世界的思想"**是《维干德季刊》1845 年第四卷第 327 页刊登的
一篇匿名文章中的表述。参见《卡·马克思和弗·恩格斯全集》，
第 2 版，第 3 卷，第 86 页。

　　《维干德季刊》（*Wigand's Vierteljahrsschrift*）是青年黑格尔
派的哲学杂志，1844—1845 年由奥·维干德在莱比锡出版。参与
杂志工作的有布·鲍威尔、麦·施蒂纳和路·费尔巴哈等
人。——第 22 页

[5] 术语"Verkehr"在《德意志意识形态》中具有非常广泛的含义。这
个术语包括个人、社会团体和整个国家的物质和精神交往。马克
思和恩格斯在这部著作中指出，物质交往——首先是人们在生产
过程中的交往——是任何其他交往的基础。《德意志意识形态》中
所用的"Verkehrsform"、"Verkehrsweise"、"Verkehrsverhä-
ltnisse"、"Produktions-und Verkehrsverhältnisse"（"交往形式"、

"交往方式"、"交往关系"、"生产和交往关系")这些术语体现了马克思和恩格斯在这个时期形成的生产关系的概念。——第 24 页

[6] 术语"Stamm"在《德意志意识形态》中译作"部落",它在 19 世纪 40 年代的历史科学中的含义比现在更广。它是指具有共同祖先的人们的共同体,包括现代所谓的"氏族"(Gens)和"部落"(Stamm)的概念。在路·亨·摩尔根的《古代社会》(1877 年)一书中首次给这些概念下了准确定义,并做了区别。在美国杰出的民族志学家和历史学家的这部主要著作中首次明确了作为原始公社制度主要细胞的氏族的意义,从而为原始社会的全部历史奠定了科学的基础。恩格斯总结了摩尔根的研究结果,在其著作《家庭、私有制和国家的起源》(1884 年)中全面揭示了"氏族"和"部落"概念的内容。——第 25 页

[7] 古罗马的护民官李奇尼乌斯和塞克斯蒂乌斯的土地法是在公元前 367 年由于平民反抗贵族的斗争而通过的。它禁止古罗马市民占有 500 罗马亩(约 125 公顷)以上的国有地(ager publicus)。——第 26 页

[8] 指布·鲍威尔发表在《维干德季刊》1845 年第三卷第 86—146 页上的文章《评路德维希·费尔巴哈》。——第 34,51 页

[9] 参见黑格尔《历史哲学》,序言,世界历史的地理基础。——第 37 页

[10] 指布·鲍威尔在其文章《评路德维希·费尔巴哈》(《维干德季刊》.1845 年,第 3 卷,第 136 页)中的主张。参见《卡·马克思和弗·恩格斯全集》第 2 版,第 3 卷,第 79 和 89 页。——第 37 页

[11]《德法年鉴》(*Deutsch-Französische Jahrbücher*)由卡·马克思和阿·卢格编辑,用德文在巴黎出版。仅在 1844 年 2 月出版过一本双期合刊。其中发表了卡·马克思的著作《论犹太人的问题》和《〈黑格尔法哲学批判〉导言》以及弗·恩格斯的著作《政治经济学批判大纲》和《英国状况。托马斯·卡莱尔的〈过去与现在〉》

（参见《卡·马克思和弗·恩格斯全集》，第 2 版，第 1 卷，第 382—413 页、第 414—429 页、第 544—571 页和第 572—597 页）。这些著作标志着马克思和恩格斯向唯物主义和共产主义转变的完成。杂志停止出版的主要原因是马克思和资产阶级激进分子卢格之间存在原则上的分歧。

弗·恩格斯和卡·马克思：《神圣家族，或者对批判的批判所做的批判，反布鲁诺·鲍威尔及其同伙》，美茵河畔法兰克福，1845 年（F. Engels und K. Marx., *Die heilige Familie, oder Kritik der kritischen Kritik. Gegen Bruno Bauer und Consorten. Frankfurt a. M., 1845*）。参见《卡·马克思和弗·恩格斯全集》，第 2 版，第 2 卷，第 3—230 页。——第 43 页

[12] 这个在恩格斯著作《共产主义原理》（1847 年）中得以最完整表述的无产阶级革命只能同时在先进的资本主义国家胜利，即不能首先在一国胜利的结论，在垄断资本主义以前的时期是正确的。在新的历史条件下，在垄断资本主义时期，弗·伊·列宁基于他发现的帝国主义时期资本主义经济和政治发展的不平衡性规律，得出新的结论——社会主义革命可以首先在几个甚至一个国家单独获胜，而同时在所有国家或大多数国家获胜则是不可能的。弗·伊·列宁在《论欧洲联邦口号》（1915 年）一文中首次论述了这个思想。——第 46 页

[13] 《马赛曲》、《卡马尼奥拉曲》、《就这么办》都是 18 世纪末法国资产阶级革命时期的革命歌曲。最后一首歌曲有这样的叠句："Ah! ça ira, ça ira, ça ira. Les aristocrates à la lanterne!"（"好！就这么办，就这么办，就这么办。把贵族们吊在路灯柱上！"）。——第 51 页

[14] 麦·施蒂纳的《唯一者及其所有物》一书中的表述（M. Stirner. *Der Einzige und sein Eigenthum*. Leipzig, 1845）。参见《卡·马克思和弗·恩格斯全集》，第 2 版，第 3 卷，第 143—149 页。——

第 51 页

[15] 这个表述出自布·鲍威尔的《评路德维希·费尔巴哈》一文（参见《维干德季刊》，1845 年，第 3 卷，第 139 页）。——第 55 页

[16] 麦·施蒂纳的《唯一者及其所有物》一书中的表述。参见《卡·马克思和弗·恩格斯全集》，第 2 版，第 3 卷，第 115—121 页和第 150—157 页。——第 55 页

[17] *Hallische Jahrbücher* 和 *Deutsche Jahrbücher* 是青年黑格尔派的文学哲学杂志的简称，该杂志以小型日报的形式在莱比锡出版，1838 年 1 月至 1841 年 6 月叫《德国科学和艺术哈雷年鉴》（*Hallische Jahrbücher für deutsche Wissenschaft und Kunst*），1841 年 7 月至 1843 年 1 月叫《德国科学和艺术年鉴》（*Deutsche Jahrbücher für Wissenschaft und Kunst*）。1841 年 6 月以前，该杂志由阿·卢格和泰·艾希特迈耶尔在哈雷编辑，而从 1841 年 7 月起则由阿·卢格在德勒斯顿编辑。——第 55 页

[18] 布·鲍威尔：《18 世纪政治、文化和启蒙的历史》，第 1—2 卷，沙格顿堡，1843—1845（B. Bauer. *Geschichte der Politik, Cultur und Aufklärung des achtzehnten Jahrhunderts*. Bd. 1—2, Charlottenburg, 1843—1845）。——第 56 页

[19] 《**莱茵河颂歌**》是被民族主义者广泛引用的德国小资产阶级诗人尼·贝格尔的诗《德国的莱茵》；该诗写于 1840 年，此后被多次谱成歌曲。——第 56 页

[20] 指路·费尔巴哈发表在《维干德季刊》1845 年第二卷第 193—205 页上的文章《因〈唯一者及其所有物〉而论〈基督教的本质〉》。文章是这样结尾的：“可见，不能称费［尔巴哈］是唯物主义者、唯心主义者或者同一哲学家。他究竟是什么人？他的思想与行动一致，精神与肉体一致，**他是人**，或者，更确切地说，因为费［尔巴哈］认为人的本质仅在社会性之中，他是社会的人，是**共产主义者**”（路·费尔巴哈，《哲学著作选》，第 2 卷，1955 年，莫斯科，第 420

页）。——第 56 页

[21] 路·费尔巴哈：《未来哲学原理》，苏黎世和温特图尔，1843 年，第 47 页（L. Feuerbach. *Grundsätze der Philosophie der Zukunft*. Zürich und Winterthur，1843，S. 47）。

恩格斯在显然是为撰写《德意志意识形态》第一卷第一章而作的题为《费尔巴哈》的札记中引用并评论了费尔巴哈书中的该处（参见本版第 110 页）。——第 57 页

[22] 马克思和恩格斯引证《德意志意识形态》第一卷第三章的文本（参见《卡·马克思和弗·恩格斯全集》，第 2 版，第 3 卷，第 161—163 页）。关于费尔巴哈的此部分最初包含在这个第三章当中，紧跟在马克思和恩格斯在这里引用的文本之后。在第三章的该处马克思和恩格斯引用了黑格尔的著作《历史哲学》等。——第 62 页

[23] **反谷物法同盟**由曼彻斯特的工厂主科布顿和布莱特于 1838 年创立。旨在限制或禁止从国外输入谷物的所谓谷物法，是为了大地主的利益在英国实行的。同盟要求贸易完全自由，争取废除谷物法，其目的是为了降低工人工资，削弱土地贵族的经济和政治地位。同盟在反对地主的斗争中曾经企图利用工人群众。但就在这个时候，英国的先进工人展开了独立的、有政治见解的工人运动（宪章运动）。

工业资产阶级与土地贵族之间围绕谷物法进行的斗争因 1846 年通过废除谷物法的议案而告结束。——第 65 页

[24] 按照施蒂纳的看法，**"联盟"**（"Verein"）是利己主义者的资源联合（参见《卡·马克思和弗·恩格斯全集》，第 2 版，第 3 卷，第 387—418 页）。——第 67 页

[25] 约·艾金：《曼彻斯特市外三十至四十英里范围内的郊区描述》，伦敦，1795 年（J. Aikin. *A Description of the Country from thirty to forty Miles round Manchester*. London，1795）。——第 75 页

[26] 引自《关于商业竞争的通讯》(*Lettre sur la Jalousie du Commerce*),该文出自伊·品托的著作《关于流通和信用的论著》,阿姆斯特丹,1771 年(*Traité de la Circulation et du Crédit* Amsterdam, 1771),第 234 和 283 页。——第 75 页

[27] 亚·斯密:《国民财富的性质和原因的研究》,伦敦,1776 年(A. Smith. *An Inquiry into the Nature and Causes of the Wealth of Nations*. London, 1776)。——第 75 页

[28] 让·雅·卢梭:《社会契约论,或政治权利的原则》,阿姆斯特丹,1762 年(J. J. Rousseau. *Du Contract social; ou, Principes du droit politique*. Amsterdam, 1762)。——第 86 页

[29] 指麦·施蒂纳在其发表于《维干德季刊》1845 年第三卷的文章《施蒂纳的评论者》(第 187 页)中的论述。参见《卡·马克思和弗·恩格斯全集》,第 2 版,第 3 卷,第 80—81 页。——第 87 页

[30] 安·埃·舍尔比利埃:《富或贫》,巴黎—日内瓦,1840 年,第 140 页(A. E. Cherbuliez, *Riche ou Pauvre*. Paris—Genève, 1840, p. 140)。——第 92 页

[31] 意大利城市阿马尔非是 10—11 世纪繁荣的贸易中心。阿马尔非市的《航海法》(*Tabula Amalphitana*)通行于全意大利,并且广泛流行于地中海国家。——第 98 页

[32] 按照恩格斯的定义,《关于费尔巴哈的提纲》是"包含着新世界观的天才萌芽的第一个文件"(参见本版第 121 页)。它极可能是卡·马克思于 1845 年 4 月在布鲁塞尔撰写的,写在他 1844—1847 年的笔记本中。《关于费尔巴哈的提纲》这个标题是苏共中央马列主义研究院依据恩格斯《路德维希·费尔巴哈和德国古典哲学的终结》单行本的序言所加。恩格斯首次于 1888 年把《提纲》作为自己这部著作的附录发表时,对其作了一些编辑上的改动,以使马克思这些并非用于发表的短小札记更容易被读者理解。在本版当中给出了《提纲》的两个稿本:马克思的原始稿本和

由恩格斯编辑的该稿本。——第 102 页

[33] 路·费尔巴哈:《基督教的本质》,莱比锡,1841 年(L. Feuerbach. *Das Wesen des Christenthums*. Leipzig, 1841);参见《犹太教中创世的意义》一章和《宗教的基本立场》一章。——第 102 页

[34] 恩格斯的这些札记显然是为撰写《德意志意识形态》第一卷第三章而作。其中引用了:路·费尔巴哈:《未来哲学原理》,苏黎世和温特图尔,1843 年(L. Feuerbach. *Grundsätze der Philosophie der Zukunft*. Zürich und Winterthur, 1843)。——第 108 页

[35] 路·费尔巴哈:《路德所说的信仰的本质。对〈基督教的本质〉的补充》,莱比锡,1844 年(L. Feuerbach. *Das Wesen des Glaubens im Sinne Luthers. Ein Beitrag zum "Wesen des Christenthums"*. Leipzig, 1844)。——第 110 页

[36] 这封信是恩格斯从巴黎发给在布鲁塞尔的马克思的。在信中恩格斯叙述了路·费尔巴哈 1846 年春发表在 *Die Epigonen* 杂志第一卷上的新作《宗教的本质》的内容。

《爱比格尼》(*Die Epigonen*)是青年黑格尔派的哲学杂志;1846—1848 年由奥·维干德在莱比锡出版;是《维干德季刊》的延续。——第 112 页

[37] 指马克思打算撰写的两卷本著作《政治和政治经济学批判》。——第 117 页

[38] 马克思和巴·瓦·安年柯夫于 1846 年 3 月底—4 月初在布鲁塞尔会面。——第 117 页

[39] 参见《卡·马克思和弗·恩格斯全集》,第 2 版,第 1 卷,第 414—429 页。——第 118 页

[40] 马克思于 1845 年 2 月 3 日被迫从巴黎移居布鲁塞尔。——第 118 页

[41] 参见《卡·马克思和弗·恩格斯全集》,第 2 版,第 1 卷,第 544—571 页。——第 120 页

〔42〕参见《卡·马克思和弗·恩格斯全集》,第2版,第2卷,第231—517页。——第120页

〔43〕恩格斯在1845年4月5日之后搬至马克思所在的布鲁塞尔。——第120页

人名索引

引用和涉及的文献索引

艾金·约.曼彻斯特市外三十至四十英里范围内的郊区描述.伦敦,
1795.——第 75 页

[匿名].论被宣判无罪者有权要求索取针对其进行指控的依据文件. //
维干德季刊.1845,4.——第 15,22 页

[鲍威尔·布].评路德维希·费尔巴哈. //维干德季刊.1845,3. ——第
34,37,49-52,55-58 页

鲍威尔·布.18 世纪政治、文化和启蒙的历史.(第 1—2 卷).沙格顿
堡,1843—1845.——第 55-56 页

就这么办.——第 51 页

卡马尼奥拉曲.——第 51 页

舍尔比利埃·安·埃.富或贫。简论当前社会财富分配的原因和影响.
巴黎-日内瓦,1840.——第 92 页

国法大全.——第 98 页

德国科学和艺术年鉴.莱比锡,1841—1843.——第 55 页

卡尔·马克思,阿尔诺德·卢格.德法年鉴.巴黎,1844,(1)(2).——第
118,120 页

恩格斯·弗.英国工人阶级状况。根据亲身观察和可靠材料.莱比锡,
1845.——第 120 页

恩格斯·弗.政治经济学批判大纲 // 德法年鉴.巴黎,1844.——第
　　120 页

恩格斯·弗,马克思·卡.神圣家族,或者对批判的批判所做的批判,反
　　布鲁诺·鲍威尔及其同伙.莱茵河畔法兰克福,1845.——第 43 页

爱比格尼(第 1 卷).莱比锡,1846.——第 112－115 页

费尔巴哈·路.未来哲学原理.苏黎世和温特图尔,1843.——第 57－
　　58,82,108－111 页

费尔巴哈·路.对〈基督教的本质〉的注解和补充. // 全集(第 1 集).莱
　　比锡,1846.——第 115－116 页

[费尔巴哈·路].因〈唯一者及其所有物〉而论〈基督教的本质〉. // 维干
　　德季刊,1845,2.——第 56 页

费尔巴哈·路.基督教的本质.莱比锡,1841.——第 102,105,108 页

费尔巴哈·路.路德所说的信仰的本质。对〈基督教的本质〉的补充.莱
　　比锡,1844.——第 110 页

费尔巴哈·路.宗教的本质. // 爱比格尼(第 1 卷).莱比锡,1846.——
　　第 112－115 页

歌德·约·沃.浮士德(悲剧第一部).——第 34 页

德国科学和艺术哈雷年鉴.莱比锡,1838—1841.——第 55 页

黑格尔·乔·威·弗.法哲学原理. // 全集(第 8 卷).柏林,1833.——
　　第 118 页

黑格尔·乔·威·弗.历史哲学讲演录. // 全集(第 9 卷).柏林,
　　1837.——第 32,37,53,62 页

贺拉斯.诗艺.——第 115 页

李奇尼乌斯和塞克斯蒂乌斯法.——第 26 页

马赛曲.——第 51 页

马克思·卡.论犹太人问题. // 德法年鉴.巴黎,1844.——第 43 页

马克思·卡.《黑格尔法哲学批判》导言. // 德法年鉴.巴黎,1844.——
　　第 43,118 页

马克思·卡. 黑格尔法哲学批判. [手稿]. ——第 118 页

[品托·伊]. 关于商业竞争的通讯. ∥关于流通和信用的论著. 阿姆斯特丹,1771. ——第 75 页

莱茵河颂歌. ——第 56 页

卢梭·让·雅. 社会契约论,或政治权利的原则. 阿姆斯特丹,1762. ——第 86 页

西斯蒙第·西蒙德. 政治经济学新原理或论财富同人口的关系(第 1—2 卷). 巴黎,1827. ——第 92 页

斯密·亚. 国民财富的性质和原因的研究(全两卷). 伦敦,1776. ——第 75 页

施蒂纳·麦. 唯一者及其所有物. 莱比锡,1845. ——第 15,20 - 21,32,48 - 49,51 - 52,54 - 55,58,62,67,80 - 81 页

施[蒂纳]·麦. 施蒂纳的评论者. ∥维干德季刊. 1845,3. ——第 87 页

施特劳斯·大·弗. 耶稣传(校订本)(第 1—2 卷). 杜宾根,1835—1836. ——第 18 页

航海法. ——第 98 页

维干德季刊. 1845,2,3,4. ——第 15,22,34,37,49 - 52,55 - 58,87 页

主题索引

B

野蛮、蛮族——第 25,26,65,70,90 - 91 页

相互作用

  自然史和人类史的相互作用——第 19 页

  历史过程不同方面之间的相互作用——第 51 页

  生产力和交往形式的相互作用——第 47 页

  生产和社会的阶级结构的相互作用——第 35 页

  生产和交往(商业)的相互作用——第 69 页

外观、幻想——第 28 - 30,33,42 - 43,53,60 - 62,79,83,89,93,96 - 99,114 页

占有——第 96 页

可能

  和现实——第 40 - 41,69 页

战争——第 48,66 - 67,70,72,74,90,96 页

  作为交往的形式——第 25,90 页

意志——第 28,44,66,86,97 - 99 页

教育——第 103,106 页

时间——第 110 - 111 页

普遍的东西——第 21,42 - 43,61 - 62,97 - 100 页

Г

黑格尔哲学——第 16 - 22,32,37,48,53 - 56,59 - 63,118 页

地理环境

  作为社会存在和发展的物质条件——第 22 - 23,32,37 页

德国——第 15 - 22,33,38 - 39,41,48,53 - 56,63,79,91,92,97 页

城市

  城市和乡村的分离——第 24,65 - 66,80 页

  城市和乡村的对立——第 24 - 27,65 - 66 页

  古代的——第 25 - 26,90,96 页

H

O

跋

　　放在读者面前的这个文本,是前苏联著名马克思主义文献学家巴加图利亚 1965 年重新编辑整理的《德意志意识形态》第一卷第一章手稿。这个版本,是由巴加图利亚准备,勃鲁什林斯基编辑的。1965 年,苏共中央马列主义研究院在《哲学问题》杂志第 10 期和第 11 期上正式发表了这个新译本。在马克思主义文献编纂史上,这个编译稿本被称之为《德意志意识形态》第一卷第一章手稿的巴加图利亚版。

　　相对于过去我们熟悉的中文版《马克思恩格斯全集》第一版第三卷中《德意志意识形态》的那个版本(即 1932 年由前苏联学者阿多拉茨基所编辑整理的第二个版本,第一个版本由梁赞诺夫 1924—1926 年整理出版①),这个版本编排基本恢复了被阿多拉茨基打乱了的马克思恩格斯原稿的编码次序。巴加图利亚根据手稿内容把原有的五份手稿分成四个部分,共 27 节,并根据编者对手稿内容的理解拟定了 25 个小标题(其中第一节是原有标题,第 26 节以作者边注为题)。在此书的前面,巴加图利亚撰写了长篇序言,十分具体地介绍了这一版本的编辑思路和文本结构。1966 年,东德《德国哲学杂志》第 4 期用德文原文重新发

---

　　①　[前苏]梁赞诺夫:《梁赞诺夫版〈德意志意识形态·费尔巴哈〉》,南京大学出版社 2008 年版。

表此手稿,编排基本参照了上述俄译本,只删除了巴加图利亚等人加上的 26 个节标题。后来,1972 年出版试行本的《马克思恩格斯全集》国际版(历史考证第二版,Marx-Engles Gesamtausgabe Ⅱ,简称 MEGA2)也收入了《德意志意识形态》第一卷第一章,其编排基本上与 1965 年俄文版相同,只是将手稿分为 7 个部分,并保留了作者在稿边上的批注。

巴加图利亚这个新译版的中译本,并不是首次在我国出版。① 1988 年,在我国中央编译局专家的努力下,人民出版社正式出版了这个新编译本。这个新的中译本的主体参照了东德 1966 年版的手稿,并将俄文版的 27 个小标题附在书后,成了我们国内研究者手中《德意志意识形态》第一卷第一章手稿的巴加图利亚版中文版单行本——《费尔巴哈 唯心主义观点与唯物主义观点的对立》。② 这个中译本的可贵之处,是保留了巴加图利亚版中的文献学基本因素,即巴加图利亚所复原的马克思恩格斯在原始手稿上的纸张和页码的不同编号。但是,删除了该文本的由巴加图利亚撰写的前言和其他附录。在以后出版的中文第二版的《马克思恩格斯选集》也沿用了这一版本。然而,可能是出于适应干部和普通学习者的需要,在之后重新印刷的此中译本的单行本中,一律删除了全部文献学符号。

2008 年,巴加图利亚教授到南京大学访问,在学术交流中,他向我们赠送了此书,并详细介绍了这个版本编译的全部过程和出版情况。当知道目前此书的中译本出版编译情况之后,他建议我们重新完整地编译和出版这个文献版。并且,他康慨地向我们无偿赠送了该书的著作权。

2009 年开始,南京大学的张俊祥博士依据原书从俄文重新编译了

---

①　此文本首次译成中文,是由胡吉良、李尚德、曾德盛、李恒瑞编译,发表在中山大学《研究生学刊》1980 年创刊号上,后收入《马恩列斯研究资料汇编》(1981 年),书目文献出版社 1985 年版,第 21—65 页。

②　这是恩格斯在 1883 年马克思去世后重新阅读马克思手稿时所加的尾注。手稿原件上本来只有"I. 费尔巴哈"。

这一文本。完稿之后，经过多次修改，最后我又认真审订了全部译稿。现在，我们将这个著名的文献版完整地呈现给国内的马克思主义研究者。

感谢南京大学出版社孟庆生老师为此书出版所做出的努力。

张一兵

2011 年 4 月 25 日

《当代学术棱镜译丛》
已出书目

媒介文化系列

第二媒介时代 [美]马克·波斯特

电视与社会 [英]尼古拉斯·阿伯克龙比

思想无羁 [美]保罗·莱文森

全球文化系列

认同的空间——全球媒介、电子世界景观与文化边界 [英]戴维·莫利

全球化的文化 [美]弗雷德里克·杰姆逊 三好将夫

全球化与文化 [英]约翰·汤姆林森

后现代转向 [美]斯蒂芬·贝斯特 道格拉斯·科尔纳

文化地理学 [英]迈克·克朗

文化的观念 [英]特瑞·伊格尔顿

主体的退隐 [德]彼得·毕尔格

反"日语论" [日]莲实重彦

酷的征服——商业文化、反主流文化与嬉皮消费主义的兴起
[美]托马斯·弗兰克

超越文化转向 [美]理查德·比尔纳其 等

通俗文化系列

解读大众文化 [美]约翰·菲斯克

文化理论与通俗文化导论(第二版) [英]约翰·斯道雷

通俗文化、媒介和日常生活中的叙事 [美]阿瑟·阿萨·伯格

文化民粹主义 [英]吉姆·麦克盖根

消费文化系列

消费社会 [法]让·鲍德里亚

消费文化——20 世纪后期英国男性气质和社会空间 [英]弗兰克·莫特

消费文化 [英]西莉娅·卢瑞

大师精粹系列

麦克卢汉精粹 [加]埃里克·麦克卢汉　弗兰克·秦格龙

卡尔·曼海姆精粹 [德]卡尔·曼海姆

沃勒斯坦精粹 [美]伊曼纽尔·沃勒斯坦

哈贝马斯精粹 [德]尤尔根·哈贝马斯

赫斯精粹 [德]莫泽斯·赫斯

社会学系列

孤独的人群 [美]大卫·理斯曼

世界风险社会 [德]乌尔里希·贝克

权力精英 [美]查尔斯·赖特·米尔斯

科学的社会用途——写给科学场的临床社会学 [法]皮埃尔·布尔迪厄

文化社会学——浮现中的理论视野 [美]戴安娜·克兰

白领:美国的中产阶级 [美]C. 莱特·米尔斯

论文明、权力与知识 [德]诺贝特·埃利亚斯

解析社会:分析社会学原理 [瑞典]彼得·赫斯特洛姆

局外人:越轨的社会学研究 [美]霍华德·S. 贝克尔

新学科系列

后殖民理论——语境 实践 政治 [英]巴特·穆尔－吉尔伯特

趣味社会学 [芬]尤卡·格罗瑙

跨越边界——知识学科 学科互涉 [美]朱丽·汤普森·克莱恩

世纪学术论争系列

"索卡尔事件"与科学大战 [美]艾伦·索卡尔　[法]雅克·德里达 等

沙滩上的房子 [美]诺里塔·克瑞杰

被困的普罗米修斯 [美]诺曼·列维特

科学知识:一种社会学的分析

[英]巴里·巴恩斯　大卫·布鲁尔 约翰·亨利

实践的冲撞——时间、力量与科学 [美]安德鲁·皮克林

爱因斯坦、历史与其他激情——20 世纪末对科学的反叛

[美]杰拉尔德·霍尔顿

广松哲学系列

物象化论的构图 [日]广松涉

事的世界观的前哨 [日]广松涉

文献学语境中的《德意志意识形态》[日]广松涉

存在与意义(第一卷)[日]广松涉

存在与意义(第二卷)[日]广松涉

唯物史观的原像 [日]广松涉

哲学家广松涉的自白式回忆录 [日]广松涉

国外马克思主义与后马克思思潮系列

图绘意识形态 [斯洛文尼亚]斯拉沃热·齐泽克 等

自然的理由——生态学马克思主义研究 [美]詹姆斯·奥康纳

景观社会 [法]居伊·德波

希望的空间 [美]大卫·哈维

甜蜜的暴力——悲剧的观念 [英]特里·伊格尔顿

晚期马克思主义 [美]弗雷德里克·杰姆逊

符号政治经济学批判 [法]让·鲍德里亚

世纪 [法]阿兰·巴迪欧

经典补遗系列

卢卡奇早期文选 [匈]格奥尔格·卢卡奇

胡塞尔《几何学的起源》引论 [法]雅克·德里达

科学、信仰与社会 [英]迈克尔·波兰尼

黑格尔的幽灵——政治哲学论文集[Ⅰ] [法]路易·阿尔都塞

语言与生命 [法]沙尔·巴依

意识的奥秘 [美]约翰·塞尔

论现象学流派 [法]保罗·利科

先锋派系列

先锋派散论——现代主义、表现主义和后现代性问题

[英]理查德·墨菲

诗歌的先锋派：博尔赫斯、奥登和布列东团体

[美]贝雷泰·E. 斯特朗

情境主义国际系列

日常生活实践 1. 实践的艺术 [法]米歇尔·德·塞托

日常生活实践 2. 居住与烹饪

[法]米歇尔·德·塞托　吕斯·贾尔　皮埃尔·梅约尔

日常生活的革命 [法]鲁尔·瓦纳格姆

当代文学理论系列

怎样做理论 [德]沃尔夫冈·伊瑟尔

21 世纪批评述介 [英]朱利安·沃尔弗雷斯

后现代主义诗学：历史·理论·小说 [加]琳达·哈琴

大分野之后：现代主义、大众文化、后现代主义 [美]安德列亚斯·胡伊森

理论的幽灵——文学与常识 [法]安托万·孔帕尼翁

核心概念系列

文化 [英]弗雷德·英格利斯

学术研究指南系列

美学指南 [美]彼得·基维

文化研究指南 [美]托比·米勒

《德意志意识形态》与文献学系列

梁赞诺夫版《德意志意识形态·费尔巴哈》

[前苏联] 大卫·鲍里索维奇·梁赞诺夫

《德意志意识形态》与 MEGA 文献研究 [韩]郑文吉

巴加图利亚版《德意志意识形态·费尔巴哈》[俄]巴加图利亚

当代美学理论系列

今日艺术理论 [美]诺埃尔·卡罗尔

艺术与社会理论——美学中的社会学论争 [英]奥斯汀·哈灵顿

现代日本学术系列

带你踏上知识之旅 [日]中村雄二郎　山口昌男

反·哲学入门 [日] 高桥哲哉